COMPLÉMENTARITÉ

Hugo Daphnis

COMPLÉMENTARITÉ

ESSAI

TITAN-ATLANTE

© Titan-Atlante, 2013
22, rue de l'Évangile, 75018 Paris

ISBN 2-9517961-1-0

à Samir

RÉVÉLATION

– Tu ne sais pas ce qui m'est arrivé ce matin, alors que je me rendais au travail ?

– Raconte-moi !

– Et bien, je sortais du métro et j'empruntais ma correspondance comme à mon habitude. Les couloirs étaient noirs de monde. J'étais perdu dans mes pensées. Le brouhaha était assourdissant. Et je suivais le mouvement général.

– Un lundi matin…

– Quand soudain l'ambiance s'est assombrie et le silence a interrompu le parcours nauséeux de mes pensées. Tout s'est comme immobilisé dans un silence tonitruant. Les gens qui m'entouraient n'étaient plus que des silhouettes muettes et interrompues dans leur élan. J'étais seul au milieu de toutes ces formes qui semblaient engluées dans une épaisse mélasse…

– Tu prends quoi au petit-déjeuner ?

– Arrête c'est sérieux ! J'avais l'impression d'être devenu sourd tellement le silence me choquait. Et puis c'est arrivé…

– Quoi encore ?

– Il est arrivé. D'abord une forme vaporeuse difficile à distinguer, ensuite certains détails comme la forme de sa main

9

qui s'est agrippée à mon épaule. J'ai arrêté de respirer en le suivant du regard. Je ne pouvais pas distinguer s'il me regardait car son visage lumineux contrastait avec l'obscurité ambiante. Je ne pouvais voir qu'un éclat surplombant une traînée vaporeuse. C'est alors qu'il s'est adressé à moi.

   – Tu as vu un ange !

   – Et il m'a parlé ! Il s'est exprimé en ces termes : "La conscience est unique. La conscience est simplement unique." J'étais subjugué par sa voix si calme et si charismatique. C'était comme si cette voix me venait de l'intérieur. Et comme si elle me disait ce que je savais déjà. J'ai aperçu son regard charmant. Et il a disparu.

   – Il s'est envolé.

   – Et tout s'est remis à bouger, d'abord lentement puis avec toute l'agitation de cette heure de pointe. Mais moi je suis resté immobile un instant. Avant qu'un passant me bouscule et me ramène à la réalité. J'étais perdu. Mais j'étais conscient d'avoir entrevu quelque chose de peu ordinaire. Et je n'ai cessé d'y repenser tout au long de la journée. "La conscience est unique. La conscience est simplement unique." Simplement…

   – Tu as dû rêver. C'était le fruit de ton imagination. Tu as dû t'assoupir en marchant.

   – Mais ça semblait si réel en tout cas. Et ces quelques mots qui résonnent encore à mon oreille. J'en suis encore ému. Tu sais, mes yeux se sont mouillés. J'avais comme une impression d'intense solitude. Comme si j'étais différent de tout ce monde. Comme si j'étais un être différent.

   – Il t'arrive toujours de sacrées aventures à toi !

– Écoute-moi s'il te plait. Tu es la première personne à qui je raconte tout ça. Ça n'était pas une hallucination ou un rêve. C'était si réel. Je l'ai vu, je l'ai entendu. C'était merveilleux et effrayant à la fois.

– De la manière dont tu me l'as décris, ton ange ne me semble pas particulièrement avoir été effrayant.

– Ce qui m'a terrifié sur le coup, plus que cette rencontre improbable, c'est l'état de conscience dans lequel je me suis retrouvé ensuite.

– Explique-toi.

– Je me suis senti effroyablement esseulé. Comme si je venais de pousser la porte d'une immense pièce vide. Je me suis senti seul et effroyablement différent de mes semblables.

– Mais tu as toujours été différent. Tu es unique.

– Je le sais bien. Mais cela m'a profondément conforté dans l'impression tenace de venir d'une autre planète, d'être un étranger sur Terre. Un peu comme le Petit Prince, tu sais ? D'avoir atterri un matin au milieu du désert et depuis, d'errer en quête d'un hypothétique retour chez moi.

– Le Petit Prince veut retourner sur sa petite planète car, après en avoir visité plusieurs, il s'en retrouve déçu et dépité. Ce n'est pas encore ton cas. Tu as encore beaucoup de chose à faire ici sur Terre avant de retourner d'où tu viens. Et puis je ne pense pas que le Petit Prince soit le bon exemple à suivre.

– Pourquoi ça ?

– Te souviens-tu comment fait ce jeune garçon pour retourner sur sa planète ?

– Il trouve un serpent ?

11

– Il se suicide.

– D'accord, il est encore un peu trop tôt pour ça. Mais lui en a décidé autrement car il utilise la mort pour voyager. Et de cette manière, il ne connaîtra jamais la vieillesse et la dégradation irrémédiable de son corps. Il aura toujours un age où l'innocence et la naïveté feront de lui un aventurier curieux de tout. Il aura à cœur d'explorer son environnement, de rencontrer ses semblables qui vivent malgré tout différemment, pour chercher à les comprendre, sans à priori, sans tradition, sans héritage.

– Il se construit sa propre opinion sur le monde. Mais il n'aime pas ce qu'il y voit. Voilà pourquoi il refuse d'y grandir. Mais toi, c'est différent, non ? Ne me dis pas que tu ne trouves aucun intérêt à vivre dans le monde actuel. Tout y est fait pour te simplifier la vie et te permettre d'oublier tes besoins primaires pour t'adonner à des tâches bien plus nobles. Ça devrait te plaire, non ?

– Au début, bien sûr, mais à force d'observer la nature, on en vient à espérer un profond bouleversement. Ces habitudes quotidiennes et ces répétitions à l'infini de cycles de plus en plus semblables me terrifient.

– L'humanité contrôle dorénavant la nature. Et sa raison domine à présent la Terre.

– Mais l'humanité est la nature ! Quoi de plus naturel qu'un homme sur la Terre ? Quelle arrogance tout humaine de se croire au-dessus de la nature ! L'homme est foncièrement incrusté dans la croûte de sa petite planète. Ses velléités de migration intersidérale n'auront aucune influence sur son statut d'être naturel.

– Le Petit Prince l'a vite compris. Pourtant un ange t'a confié une vérité qui devrait modifier ton état d'âme. C'est paradoxal, mais je pense qu'il faut s'inspirer du passé tout en conservant son innocence originelle pour apprendre à vivre naturellement sur Terre avec ses semblables. Il faut absolument que l'humanité se reprenne afin d'éviter que d'autres enfants refusent la vie.

– Je n'arrive pas à te suivre. Quel est le rapport ? Le Petit Prince est un conte. L'ange est une illusion. Je suis perdu.

ANGE PERVERTI

J'ai une intime conviction. C'est-à-dire que moi aussi j'ai eu une révélation. À un moment précis de ma réflexion, une idée engendrée par l'application émérite du chaos géométrique sur un processus complexe de ma conscience, a transfiguré mon discours intérieur. Il m'a semblé alors que tout prenait place dans un montage complexe mais évident, un système simple, adorable et excitant.

Cette intime conviction, je vais vous la livrer directement en toute honnêteté. Mais le processus complexe qui m'a conduit à générer un tel agencement de pensée demeure voilé par l'incidence sibylline de toute mon histoire et de ma culture. Je ne peux donc, ni l'expliciter simplement, ni prouver par la révélation de ses rouages internes toute la subtilité manifeste mais probante de sa définition. Ce n'est pas le propos. Je vous demande donc, si ce n'est de la confiance, du moins de la tolérance face aux nouveaux concepts apportés à ce jour.

Voilà ce que m'a révélé un ange.

La conscience est unique. Cette entité est, bien entendu, dénuée d'appartenance psychique à un quelconque opportunisme anthropomorphique… Elle est unique et partagée. En chaque être, qui se reconnaît un temps soit peu conscient dans un espace démesuré, elle s'insinue dans son comportement et transfigure son psychisme. En cela, tous les hommes conscients, et sans doute quelques animaux en avance sur leur appartenance à la fractale généalogique, ont reçu un extrait de cette conscience totale.

Voilà bien le prologue à une aventure passablement enivrante, n'est-ce pas ?

N'est-ce pas là le système novateur d'un aventurier téméraire déçu de son ultime découverte ? J'aspire évidemment moi aussi au bonheur ici-bas. Et il me serait trop cruel d'avoir à informer les autres de la nullité évidente des valeurs, de toutes les valeurs. D'autant que ce serait le comble de l'abjection pour mon âme, n'est-ce pas ?

Alors je tisse, moi aussi, les fils encore humides d'une réalité bien trop complexe pour être dénuée d'un certain sens de l'humour. J'en ris encore. D'un rire prétexte à de grandes enjambées culturelles et plus, si affinités.

Je me reprends.

Et voilà donc toutes les consciences reliées entre elles par une même origine. Plus que cela, elles ne forment qu'une entité, distribuée sur chacun des êtres qui se découvre vivant au milieu d'un tumulte de matière. Dans ce cas, bien des choses vacillent dangereusement avant de s'effondrer bruyamment dans un fossé monstrueusement profond.

Si j'ai bien compris ce que mon esprit torturé s'efforce d'imprimer dans ces lignes noircies d'une écriture obscure et prétentieuse, les individus ne sont que les écorces temporelles d'un extrait de cette chose, jusqu'à ce que l'arrêt des fonctions biologiques ne rende cet emprunt au maelström prodigieux qui se répartira sur les nouveaux aventuriers.

LA CONSCIENCE EST UNIQUE

– J'en suis convaincu maintenant. L'ange m'a révélé la vérité. Évidemment la conscience est unique. Évidemment elle est éternelle. Évidemment c'est la chose que tous les hommes partagent. Depuis leur première prise de conscience dans leur enfance, ils y ont tous accès comme à un trésor partagé. Pour peu qu'ils acceptent l'évidence. Ils ne sont qu'une entité à la surface de cette poussière d'étoile qu'ils occupent adroitement.

– Nous sommes tous frères, et alors ?

– Nous sommes plus que des frères. La substance qui nous anime, du moins la plupart d'entre nous, est unique. Il s'agit de l'humanité et non des hommes. Et pour sûr, la mort n'est pas une fin ou même le départ vers un espace rêvé…

– Le paradis !

– … mais la répartition de ses acquis sur tous les êtres conscients. Aussi nous avons tous accès à toutes les consciences actives mais aussi à toute l'histoire de l'humanité !

– Tu veux dire que depuis notre première prise de conscience, nous sommes connectés à toute l'humanité vivante et morte ?

– En prenant conscience vers l'age de 7 ans, une part infime de cette conscience globale s'insinue dans notre cortex cérébral et nous accompagne jusqu'à notre mort. Alors, elle rejoint la totalité avant de se disperser à nouveau.

– Mais lorsque l'on meurt, cet extrait de conscience séparé de son enveloppe charnelle va-t-il se retrouver dans un seul enfant quelque part sur Terre ?

– Il faut bien comprendre que cet extrait de conscience qui quitte le corps du mourant n'a jamais quitté la définition même de la conscience globale. En d'autres termes, même si l'histoire de cet homme a modelé cet extrait de conscience le temps de son incarnation, sa mort n'entraîne qu'une dilution de cette histoire personnelle dans la conscience de l'humanité. Et même si il peut arriver qu'un enfant se retrouve avec une empreinte historique, des souvenirs, d'un seul être décédé, ça reste rare. Plus souvent, les occurrences de conscience sont diluées avant de s'incarner à nouveau.

– Mais il peut y avoir des grumeaux.

16

– Il peut y avoir des souvenirs de vies passées en effet. Enfin, pourquoi pas ?

– C'est bizarre. C'est novateur comme idée, mais j'ai l'impression de toujours l'avoir su. Comme si cette idée résidait en chacun, mais qu'un voile la dissimulait. Et encore aujourd'hui…

– Le voile des illusions…

– Je pense que les religions ont une responsabilité dans cette absence de visibilité.

– Qu'est-ce que tu veux dire.

– Je pense que les religions ont été écrites, créées en d'autres temps plus obscurs. Et cette méconnaissance de la réalité est restée inscrite dans le marbre, ou plus exactement dans les livres. Et c'est dommageable pour l'ouverture d'esprit nécessaire à la reconnaissance de cet état de fait, non ?

– Je le pense aussi. Mais ne crois-tu pas que les temps sont venus où tout est dorénavant possible. Je veux dire que les religions ont montré leur limite. Les hommes se posent des questions que celles-ci ne peuvent pas résoudre honnêtement. Il est peut-être temps de proposer quelque chose d'autre.

– Comme quoi ?

– Et bien puisque tu le reconnais toi-même, qu'un ange est venu te parler, il est probable que tu ne sois pas le seul dans ce cas-là. D'autres hommes ont pu être interpellés de la même manière. Il faudrait que vous soyez tous l'origine d'un nouvel élan…

– C'est beau. Mais ça va être une drôle d'aventure. Il faudrait commencer, je pense, par définir tout ce qui découle de cette révélation. Il faut décrire la réalité au travers de cette nouvelle grille de lecture.

— Je t'écoute.

— Et bien, comme la conscience est unique et qu'elle est éternelle, du moins à l'échelle de l'humanité, notre conscience ne disparaît pas avec la mort, mais plutôt revit dans d'autres chairs.

— Et comme ça générations après générations.

— Nous avons donc tous en nous, plus que la mémoire des générations passées, une implication concrète dans celles-ci. Nous avons tous vécu ces générations sous d'autres formes.

— Mais le nombre de conscience sur Terre explose !

— Et c'est là la cause du mal-être ambiant. L'extrait de cette conscience totale en chacun s'amenuise. Nous nous sentons nous-même dilués dans la multiplicité des occurrences de ces réceptacles de consciences que sont les hommes. Aussi nous recherchons l'autre parce que nous nous recherchons nous-même. Nous avons besoin de nous rapprocher, de nous associer jusqu'à l'intime, pour recouvrer un peu d'importance en regard des autres éclats de conscience. C'est la raison des associations. C'est la raison des regroupements d'idée ou de sensation. C'est la raison des accouplements. Un peu comme si cette union nous offrait une vue d'ensemble sur la totalité et nous comblait d'un bonheur sans failles parce que complet.

— Le regroupement pour pallier la dispersion de la conscience.

— C'est à peu près cela.

– Alors Internet et les réseaux sociaux confortent cette idée. On y cherche à associer ses sentiments et recouvrer une supra entité qui se met à prendre une conscience totale. Tous les hommes connectés interagissent comme les neurones d'un même cortex cérébral géant. Et la conscience totale réapparaît !

– Et les hommes recollent les morceaux, les éclats de cette sphère brisée, la Conscience.

– Mais dis-moi, si la réalité est telle que nous sommes en quelque sorte plus que des frères, des jumeaux qui partageons des parts de cette conscience globale, pourquoi n'avons-nous pas accès à cette bibliothèque totale de souvenirs, de sensations, de l'humanité ?

– Mais certains l'ont. Vois ces artistes qui semblent créer du beau à partir de pas grand-chose, ils ont en fait puisé dans la conscience totale de quoi agrémenter leur réalité de concepts novateurs.

– L'inspiration venue des muses !

– Exactement. Quand un artiste compose, écrit, peint, il réussit à négliger sa condition d'extrait de conscience cloisonné dans cet amas de chair qu'il incarne, en intégrant pour un temps ce que certains ont pu nommer le monde parfait des idées. Mais qui n'est rien de plus que cette interconnexion avec tout, avec la totalité, avec l'Être, la Conscience, totale…

– Tu veux dire que, au-delà des esprits qui s'agitent dans les boîtes crâniennes des hommes, cette globalité de conscience, cette conscience totale inclut aussi en elle la matière ?

– Mais la matière telle que nous la reconnaissons n'est qu'une idée. Nous n'avons aucun contact direct avec elle, seulement des sensations, des calculs mathématiques ou des effets de notre imagination, de notre conscience. Et la réalité qui nous entoure n'est que le fruit de notre conscience du monde. Voilà pourquoi il ne peut y avoir de rupture entre une sensation et l'état de la matière qui entoure le système nerveux qui en est le sujet. En résumé cette conscience totale inclue tout ce qui est, avec une mise à plat du temps.

– Le temps mis à plat, qui ne coule plus, une vision parfaite de la totalité de l'Être ?

– Oui c'est ça. La totalité des sensations traitée par les extraits de consciences incarnés pour un temps dans la multitude d'être conscient sur Terre depuis le début de cette prise de conscience.

– N'est-ce pas ce que certains ont pu nommer Dieu ?

– Tu peux lui donner le nom que tu veux, mais cette totalité est notre identité à tous. Nous sommes tous titulaires d'un éclat de ce tout uni, parfait, qui résonne dans notre boîte crânienne et nous incite jour après jour à aller reconnaître en l'autre l'éclat complémentaire au nôtre.

– Comme un puzzle ?

– Comme un jeu de construction qui voudrait qu'on s'atèle tous à reconstruire l'objet majestueux qui s'est brisé et dispersé en chacune de nos consciences. Et pour cela, il faut que nous reconnaissions la place qui nous incombe dans ce majestueux ensemble pour l'occuper avec la sérénité et la conviction qu'il importe de connaître quand on prend conscience de son rôle dans le mouvement temporel de l'humanité, de la Terre, de l'univers.

– Ben voyons !

S'INDIVIDUALISER AU MILIEU D'UN GROUPE SOLIDAIRE

– Tu sais, quand il m'a parlé ce matin, je n'ai pas eu peur.

– Je sais.

– Je suis encore bouleversé, mais je n'ai jamais eu peur. Parce que je crois que je m'y attendais depuis déjà longtemps.

– Qu'est-ce que tu veux dire ?

– Je sais depuis presque toujours que chacun a une place dans l'univers, une place et une raison d'y être. Une fois qu'elle a été découverte, on peut s'y complaire et toucher du doigt l'essentiel.

– Qui est ?

– Le bonheur, bien entendu !

– Le but de toute vie n'est-il pas donc de trouver cette place qui nous appartient et de ne plus la quitter ?

– Trouver cette place et agir en complémentarité avec les autres hommes et même avec l'ensemble de l'univers, c'est alors que l'on pourra être vraiment heureux. Je crois que lorsque l'on a compris cela, on ne peut que chercher à l'appliquer dans son parcours de vie. Et les obstacles qui se présentent devant nous ne sont que les obstacles d'un grand jeu. Ceux-là même qui nous font vibrer quand on vit débarrasser des atours de sérieux et de solennité.

– La vie est un jeu.

– Et le but du jeu est d'être heureux.

– Dès lors les hommes doivent organiser ce chemin vers un indicible bonheur. Ils doivent s'associer encore une fois et définir en commun les possibilités offertes d'accéder au bonheur.

– Et c'est le rôle de la politique.

– C'est ça ! Le rôle de toute politique doit être de faciliter l'action consciente menant à la réalisation de ce but : trouver sa place dans la communauté des hommes et s'y accomplir en s'individualisant.

– Et c'est là que l'on touche le bonheur !

– Exactement. Il suffit de se singulariser dans un groupe solidaire pour être heureux. Et pour y arriver, il faut trouver une place particulière, un espace qui nous est totalement confortable, un espace à défendre et à revendiquer.

– Agir en complémentarité avec le reste de l'humanité, voilà le vrai bonheur !

AUX VUES DE LA RÉALITÉ

Aux vues de la réalité, à savoir la nature triviale, ordinaire, de la condition humaine en regard des autres échelles, la politique doit être la science capable de concilier, de manière harmonieuse, les deux élans qui trahissent cette évidence : la compromission de l'individu, être humain, au centre de deux déclinaison de sa propre conception (évaluation) de l'être.

Aussi, dorénavant, sera encouragée par la dite politique, l'affirmation d'une identité individuelle au sein d'une communauté unie.

Ainsi la nature ondulatoire et corpusculaire (tribale et parcellaire) de chaque chose reconnaissable en l'être humain sera hissée au pinacle des effets de sa conscience, pour qu'il puisse enfin connaître la satiété de ses dynamiques intrinsèques (plus qu'intrinsèques !) et l'érection d'un bonheur tangible et dynamique.

— Tu sais ? Je suis heureux que cet ange m'ait choisi moi pour transmettre sa vérité, la vérité. Depuis toujours je cherche ma place dans la communauté. Et cette expérience m'éclaire sur mon destin. J'ai enfin compris la raison de ma présence, pour transmettre un message.

— Prophète !

— Tu peux rire, mais dorénavant j'ai une mission à accomplir. Je me sens redevable, utile. Je suis fier d'être à ma place. Je pleure.

— Il ne pouvait en être autrement.

— Que veux-tu dire ?

— Tu ne pouvais n'être que là, à cet endroit, ce jour, cet instant-là. Tout ce qui t'a précédé dans le temps s'est agencé de manière à produire cet instant fabuleux. Toutes tes réussites, mais aussi toutes tes erreurs, ont contribué à organiser l'espace pour que, ce matin, tu marches d'un pas décidé dans les méandres inopinés de tes pensées et les dédales encombrés des correspondances du métro. Toute ta vie a préparé cet instant béni des dieux.

— Je ne dois donc rien regretter.

— Ça t'est littéralement interdit.

— Il est aussi interdit de me faire des reproches pour les choix qui ont émaillé le parcours chaotique de ma vie.

— Bien entendu ! Tu as agi à chaque fois en optimale adéquation avec le but que tu ignorais jusqu'à ce matin, la préparation d'une révélation. Comment pourrait-on honnêtement te le reprocher ? Si ce n'est qu'à dessein de te faire du mal. Le reproche ne sert qu'à ça finalement, insinuer dans l'esprit d'autrui la faute. Alors que rien ne justifie cette très éventuelle occurrence. Il n'y a pas de faute quand après coup surgit le bonheur. Tout trouve enfin justification !

– Ni regrets, ni reproches ! Ça me plait ça. Les erreurs ont autant de valeur que les réussites. Elles servent, elles aussi, la préparation de la prochaine occurrence de bonheur. Nous pouvons agir en toute confiance. On ne pourra nous le reprocher. Nous ne pourrons le regretter. Car si ce n'est le bonheur, qui légitimera l'entreprise, la mort remettra tout en jeu.

– Es-tu plus serein à présent ?

– Evidemment !

– Pourquoi je ne me souviens pas de mes vies passées, dans d'autres corps, dans d'autres lieux, dans d'autres temps ?

– Certains en sont capables.

– Mais ce sont des phénomènes de foire ! Non, pourquoi n'est-ce pas plus simple ? Ça aurait toute son utilité. Au lieu de passer son enfance à apprendre l'essentiel, si on pouvait le connaître de manière innée, si on pouvait ouvrir toutes grandes les vannes de la connaissance absolue.

– Et tout savoir sur tout !

– Et tout connaître du fonctionnement intime de l'univers.

– Cela te rendrait plus heureux ?

– Cela me rendrait plus conscient !

– Quelle période de ta vie t'a semblé la plus agréable ? Une période durant laquelle tu vivais simplement en quête de nouvelles découvertes. Tu t'adonnais à la vie sans tergiverser sur son sens. Tu jouissais d'un bonheur incomparable car il était neuf pour toi. Tu n'y avais qu'à puiser l'élan qui te motivait.

Sans aucune échelle de comparaison, tu redéfinissais ta propre grille d'interprétation à chaque geste, à chaque regard, à chaque jeu.

— Tu veux me dire que l'innocence est le plus grand présent fait à la naissance ?

— C'est en effet un bien précieux cadeau que l'on a vite fait de corrompre.

— Mais alors pourquoi choisissons-nous de le détruire en nous formant à l'apprentissage des connaissances si néfastes à notre naïveté innée ?

— Parce que nous avons peur de mourir.

— Et si nous apprenons à nouveau à mourir, la seule finalité de la vie, nous accepterons de ne recevoir de connaissance que par le biais de cette connexion intime de nos chairs et de l'univers. La connaissance de l'univers par la connaissance de soi, et vice-versa.

— De toute façon, l'apprentissage est un jeu. L'important est d'accepter de réintégrer le malstrom fabuleux avant de réintégrer des chairs plus neuves et naïves. Mourir doit être une joie. Celle de permettre à la Conscience de se redessiner plus en adéquation avec l'époque, en dispersant ses éclats dans les jeunes pousses du genre humain. Avec le secret espoir de croiser à nouveau les autres consciences amies.

— Mais ma vie n'est qu'indolence. Je n'avais pas conscience avant ce matin qu'il pouvait y avoir un but à tout ça. Je ne suis jamais heureux plus que quelques instants trop courts. Je prolonge mon existence en quête de ces instants trop rares, trop succincts. Mais finalement, suis-je vraiment apte à devenir heureux ?

— Depuis longtemps déjà on sait que le bonheur est une dynamique. On ne touche cet instant divin qu'après avoir sombré dans les fonds obscurs de la sensibilité humaine. Ça peut être de l'indolence. Mais ça reste des obstacles à notre bien-être.

— Tu veux dire qu'on ne peut être heureux qu'après avoir été malheureux ?

— C'est ça. Mais plus que cela, je reste convaincu que ces deux faces d'un même dilemme sont la chose la mieux partagée au sein de l'humanité sur Terre. Et même de tous les êtres susceptibles d'y être sensibles. Nous sommes, à part égale, soumis aux aléas de la rencontre impromptue de notre sensibilité, notre système nerveux en ordre de marche, et de stimuli propices à l'émergence du bonheur comme du malheur. Et même, plus que cela encore, ces instants de conscience bouleversée par la joie ou la peine sont exactement en même nombre à chaque instant sur Terre !

— Je veux bien te croire parce que dorénavant je peux t'appeler l'illuminé. Mais ta remarque dépasse l'entendement. Il y aurait sur Terre, à chaque seconde, autant de gens malheureux qu'heureux ?

— C'est à peu près ça.

— Et au cours de sa vie, on connaîtrait à égale mesure la joie et la peine.

— Tu as bien compris.

– J'ai peine à croire que le jeune intouchable de Bombay soit aussi heureux que le fils de l'émir du Qatar.

– Et pourtant, lequel des deux arbore un large sourire à toute heure de la journée ? L'un connaît des joies et des peines simples. Alors que l'autre touche des problèmes infiniment plus complexes. Mais tout deux, au fond de leur encéphale, ont la conscience troublée par des décharges de neurotransmetteurs alternant le plaisir et le déplaisir. Peu importe leur environnement. Ils sont à égale mesure l'esclave de leur propre chimie, ils sont pareillement sujets au bonheur, ainsi qu'au malheur qui l'accompagne toujours.

– Et quand tu dis que ces deux sensations sont partagées à égale mesure au même instant sur Terre, que veux-tu dire ?

– L'équilibre des sensibilités, la conscience est unique, simplement, la biosphère recherche l'équilibre. Et les hommes recherchent le relief. Mais dans ce monde merveilleux quand un homme connaît le bonheur d'être avec la personne qu'il aime, ailleurs un autre connaît les affres de la séparation. Il faut apprendre à accepter cet état de fait. Et comme on dit : "la roue tourne !"

– À chacun son tour.

– Mais de la même manière qu'on se construit autant avec ses erreurs qu'avec ses réussites, il faut reconnaître dans son malheur actuel la préparation à l'avènement d'un bonheur du même ordre.

– C'est génial ! Ça devrait en rassurer plus d'un !

– Nous sommes tous égaux face au bonheur. Il faut apprendre à s'en contenter. Ou alors disparaître pour réapparaître. Tout cela est un jeu.

– Il est probable que tout ceci ne soit qu'un jeu en effet, mais un jeu bien cruel. Certains proposent de s'y extraire pour atteindre un espace plus propice au bonheur. Mais cela est illusoire. Car pour être activé, la joie doit être précédée par de la peine, sinon ça ne compte pas ! Alors comment imaginer que ce concept enfantin puisse être remis en cause ? Tout ceci n'est que pure invention !

– Mais bien nécessaire à notre survie, n'est-ce pas ?

– Bien au contraire ! Ne peux-tu pas te contenter de la juxtaposition mélodieuse de décharges de neurotransmetteurs alternant le désarroi au plaisir, la souffrance au rire…

– Mais ça n'est que momentané ! Pourquoi ce déluge de chimie ?

– Pour inciter les hommes à vivre.

– Mais quel est le dessein général ? Je ne peux pas imaginer que tout ce travail de réglage d'un processus bien trop compliqué ne soit pas visé par un but ultime. Ou alors tout ceci n'est qu'une mascarade, un grand jeu pour attendre l'inévitable, un effet du divin chaos géométrique qui s'est emballé jusqu'à devenir incontrôlable !

– Pourquoi tu t'énerves comme ça ?

– Je ne m'énerve pas. Je fais part des doléances intrinsèques à l'humanité consciente. Il est bien beau d'avoir trouvé et reconnu Dieu dans la somme des consciences, mais si c'est pour l'abandonner au rôle de gamin découvrant la complexité d'un jeu de déduction, c'est digne des plus profondes lamentations !

— T'occupes-tu consciemment d'une cellule particulière de ton corps ? Non ! Tu décides de l'orientation générale de leur communauté, ton corps entier. Alors, calme-toi !

— Non, je ne me calmerai que quand tu m'auras apporté la preuve d'une raison objective à ma présence sur Terre !

NOUS AURONS TOUS UNE NOUVELLE CHANCE

La vie est un jeu.
Et l'ultime dessein du joueur est de faire le mieux possible avec tous les éléments mis à sa disposition au départ. Il reste à définir ce que "le mieux possible" signifie. On suppose qu'il s'agit d'un concept flou, trempé d'altruisme et de citoyenneté. Et si l'on échoue à édifier une existence légale et heureuse, que l'on passe inopinément par la case prison, il est probable que l'on pourra défendre à corps défendant le concept hautement moderne de la peine capitale. Pourquoi ? Pour recommencer avec une autre mise de départ…

Parce qu'il est maintenant clair que la nature unifiée du cœur de la substance partagée en toutes les consciences ne peut être diminuée. Et si le nombre d'individus continue d'exploser, la part de cette unité s'en trouve largement amoindrie en chacun. D'où l'impérieuse nécessité d'un regroupement par idée ou

autre. Au final, la mort annule l'état actif de cet extrait d'unité et entraîne un autre agencement de ces éclats minuscules. C'est là la simple finalité de cette pulsation globale. Mais nous l'avons vu, les vivants se regroupent. Et l'unité s'en retrouve palpable.
La mort n'est donc qu'un détail de cet agencement fabuleux, une pulsation risible.

Se retrouver, à l'age de la première prise de conscience, en possession de cet éclat de sphère impérieuse, est tout à la foi une grande responsabilité et une mascarade amusante. En effet, il est plus que probable que dans les années à venir, l'incidence de son être sur l'univers ne soit que pure fatuité. Alors commence dès lors l'apprentissage de la déférence aux lois érigées par d'autres consciences en d'autres temps, c'est-à-dire par un autre agencement de notre origine commune, comme les règles assumées du grand jeu commun. Et l'insignifiant morceau du tout découvre son égo de pacotille et commence enfin à jouer avec.
Il est temps enfin de cesser ce trop plein de sérieux indiqué dans les relents d'un malheur partagé à égalité avec le bonheur poursuivi. Tout cela n'est que mascarade. Et il est préférable de sourire sous un masque…

Car nous aurons tous une autre vie pour concurrencer Sisyphe.

UNE DIVINITÉ PARTAGÉE

– Tu voudrais pouvoir t'identifier à cette conscience globale. Tu voudrais que, comme toi, elle soit soumise aux caprices de la chimie dans ton cerveau. Tu voudrais qu'elle s'incline au chaos géométrique qui régit ton caractère. Mais détrompe-toi, elle n'appartient pas au même ordre.

– Ce dieu ne m'amuse pas.

– Voilà bien une évidence, il n'a que faire de ta distraction. C'est un être qui surplombe l'espace et le temps. Il est parfait donc d'une beauté absolue. Ce qui explique que les hommes qui sont capables d'y avoir un accès direct, pour y puiser les fondements de leur art, soient de grands faiseurs de beau. Ils empruntent des lignes épurées de justesse et de derme à une évidence préservée, c'est là la plus juste des façons de provoquer l'extase et donc le bonheur extatique, non ?

– Bien sûr. Mais ce que tu proposes-là jette les bases d'une religion bien trop novatrice, et fait des artistes inspirés, le nouveau clergé de ton église !

– Sache que je ne propose rien. Nous essayons juste, te souviens-tu, de déduire d'une révélation les fondements d'une nouvelle grille d'interprétation de la réalité. Jusqu'à maintenant, je ne fait que des hypothèses afin que nous puissions les confronter à l'expérience que nous avons de la réalité. Mais l'artiste, force de proposition d'un accès illimité vers le bonheur, voilà qui me plaît bien !

   – Ce qui rendrait caduques toutes les tentatives castratrices des religions officielles.

   – Ce serait comme une nouvelle éthique humaine qui oserait enfin rendre à la religion son sens premier : celui de relier les hommes au lieu de les diviser.

   – La Complémentarité pour s'opposer aux communautés.

   – C'est exactement cela.

TÉNU

J'ai l'espoir encore, ténu, que tout ceci ait un sens. Il y aurait bien des peines à voir les pessimistes avoir raison. Et pourtant tout porte à croire à l'irrémédiable emprise du divin chaos géométrique. Alors, évidemment, à l'initiative de cet enchevêtrement de cause à effet, il y avait bien une pulsation divine. Mais ce divin, bien loti, ne se vexe de quelconque intérêt pour une création malencontreuse. Il s'en fout. Aussi bien que de l'anthropomorphisme dont on l'affuble. Bien mal nous en a pris !

Il y a donc, comme une violente colère innée, un élan qui nous pousse à nous perfectionner. Mais cette ultime trace du divin en nous n'est que là pour incrémenter le temps. Et le temps qui dure.

Voilà pourquoi je me rassure en son sein. Je me cantonne à exister pour moi-même et pour certains autres, qui subsistent, dans mon cœur… Mais la terrible déconvenue découverte ici-bas me terrifie. Il y a de quoi se poser des questions, non ?

Mais l'éternel recommencement m'amuse bien. Il me plait de renaître au cours des temps, transposé inopinément dans la conscience partagée par quelques-uns. Vivre à des époques pour passer le temps. Chercher à reconquérir l'unité regrettée en s'associant, ou par l'amour. S'associer dans de grands mouvements interhumains, voilà bien le grand vice de ce bas morceau de viande.

Imaginons un instant la terre recouverte d'un nombre limité de jeunes hommes vaillants. La peine engrangée par l'amenuisement de la part de l'unité brisée qui revient à chacun est fortement allégée. La conscience totale s'en retrouve filtrée de ces réservoirs stagnants que sont les vieillards. Et la vie peut redéployer tout son art et sa voluptueuse facilité à prodiguer du bonheur. Voilà une de gagnée !

Les dernières bribes de conscience traumatisée par l'âge ont été reconduites dans des chairs toutes neuves. Et les morceaux plus rares s'en retrouvent gonflés d'une vigueur bienvenue.

Il y aurait donc tout à gagner à organiser cet abandon des corps vieillissants pour rejoindre l'épopée majestueuse des premières années de joies.

Arrêtons de maudire le temps qui passe. Au lieu de regarder les vies qui s'enchaînent, les morts qui rythment la défaillance des molécules mises en jeu. Réjouissons-nous de mourir pour renaître ici-bas, partagé dans autant de jeunes enfants que l'accroissement de la vie à su créer pour jouer.

Mourir est la plus belle chose que la vie enfin nous offre : le pouvoir de rejouer à l'innocence.

— Mais dis-moi, les êtres conscients forment une seule entité. Cette conscience éclatée en ces milliards d'entendement maintenant n'a qu'un dessein, se reconstituer. Toutes les consciences, qui quittent leur écorce charnelle, sont réparties sur les jeunes pousses et pourquoi pas les autres consciences. Alors les membres d'une communauté ont toutes les chances, à leur mort, de fournir une traînée bleue dans l'esprit d'impie au regard des statuts de cette assemblée d'âmes.

— Tu veux dire qu'à la prochaine génération, il risque fortement de se retrouver dans les corps de ceux qu'ils ont abhorrés ?

— Évidemment ! C'est une des composantes du grand jeu auquel ces comédiens s'adonnent. Mais avoue-le, cela est bien risible, n'est-ce pas ?

— Je confirme.

— Une vie à conforter son rêve de bonheur absolu pour, comme tout le monde, recommencer, encore et encore. Voilà donc un problème singulier, si c'est là notre ultime destin, celui de reconstituer notre origine, recoller les morceaux de cette sphère brisée, alors que tout s'emballe à les disperser encore plus, où allons-nous ?

– Je ne te comprends pas. Je croyais que c'était clair. Internet et les réseaux sociaux reconstituent les neurones virtuels où éclosent subrepticement les couleurs diffuses d'une nouvelle incarnation de la Conscience. Il est là notre but ! Quand nous aurons réactivé les prémisses d'un élan divin, quand chacun aura trouvé sa place et agira pour la conforter, en complémentarité avec l'humanité, nous aurons atteint ce but ultime.

– Et nous mourrons encore.

EXACTION COMMUTATIVE

Dans un rêve prémonitoire, quelque part au-delà des nues, je compose couleur après couleur les réseaux qui abreuveront de nourriture qualifiée les strates de ma nouvelle vie. Cette nourriture, je la qualifie car elle est essentielle à mon équilibre psychique. Je ne veux pas dégénérer, du moins pas encore.

Bien entendu je suis seul et pour longtemps encore. Je ne sais pas encore ce que le divin chaos géométrique a préparé pour relever ma vie à un niveau commutatif du relief évident ! Je m'emporte encore un tant soit peu. Mais je veux comme jamais aujourd'hui. Je veux que ce relief agite chaque cellule de mon corps comme un hochet. Je veux qu'à chaque instant de ma courte existence, les émotions les plus perturbantes m'assaillent comme à l'assaut d'une forteresse risible…

Ce soir encore, je me contente de persévérer dans cet être qui m'étonne encore. Comment ne pas rire de cet amas de sang qui s'ébat plus que ne prend conscience ? Je devrais en faire un roi ou un philosophe, mais je m'applique posément à en faire un fou, un fou ailé mais un fou quand même.

Donc évidemment, je vais réagir. Je vais détruire tous les obstacles et construire une aura de feu. Après les affres enfumées de la littérature, après les illustres sons d'une mécanique harmonieuse, je vais me lancer corps et âme dans l'activité du 3ème millénaire, l'exaction commutative.
Offre lyrique de toute une génération, cette exaction est l'antre d'une majestueuse lignée de chercheur d'or. C'est la vérité toute nue. C'est le propre de toute vie un tant soit peu honnête. C'est l'ouvrage d'un dieu, l'exaction des princes !
Et si j'applique à cette idée abstraite la mécanique bien trop évidente de la commutativité, c'est que j'ai foi en ma folie. Je suppose que c'est elle qui va me mener à la cime des concepts assumés. Je crois en ma réactivité face aux récurrences outrageantes des basses pensées alimentaires. Mais je vais devoir me reposer après ça…

C'est sûr, je ne viens pas de cette planète.

- Tu sais ?
- Quoi ?

– J'ai hâte qu'il revienne. J'aurai des tonnes de questions à lui poser. Il est bien facile d'insinuer dans l'esprit des plus faibles une telle vérité, mais je ne vais pas me laisser faire !

– De quoi parles-tu ?

– Et bien, après tout ça, toutes ces tergiversations d'un haut niveau intellectuel, je ne suis tout de même pas plus avancé.

– Tu as tout de même contribué à produire une morale universelle capable d'apporter bonheur et sérénité…

– On a bien dit que le bonheur, pour paraître, devait être accompagné d'un malheur du même ordre. Alors je ne pense pas que cette morale puisse engendrer plus d'adhésion que cela.

– Mais elle t'a été dictée par un ange !

– Il ne m'en a révélé que le sibyllin prologue. C'est un peu facile de s'avancer pour dire une telle vérité à un esprit en quête d'absolu. Bien sûr que ça me fait plaisir d'avoir été choisi. Mais n'aurait-il pas été plus simple pour moi que cette vérité soit dès le départ insérée dans l'esprit des enfants, et que chacun se construise à partir des mêmes fondements ?

– Ce n'est pas le cas ?

– Mais pourquoi alors, si c'est le cas, cette vérité toute simple "la conscience est unique" s'est-elle commuée en plus léger, plus prompte à l'erreur. L'altruisme, par exemple, qui s'est glissé aux fondements de toutes les communautés humaines, mais plus que cela, de La communauté humaine, n'est qu'une ébauche des conséquences de la révélation suprême. La recherche de l'autre, la compassion, l'entraide, ne sont que la marque d'une recherche effrénée d'intégrer les valeurs décrites dans ces quatre mots. On a tous feint d'ignorer la réalité si simple. Mais dorénavant elle est là, dénudée de ses atours illusoires, pure.

— Cela incite à une révision totale de la morale !

— Une morale réformée, oui.

— Une morale enfin partagée dans leur entendement par toutes les occurrences de conscience sur Terre.

— On pose ici les bases d'une nouvelle entente sur Terre.

— Si je comprends bien, toutes les vies conscientes se retrouvent unies sous la coupole brillante d'une même origine ?

— Plus que cela, comme la réalité de cette conscience supérieure récupère les expériences de tous ses préposés au cours des temps, elle se retrouve détachée du déroulé temporel de l'Etre.

— Je ne comprends pas.

— Et bien, elle est hors du temps. Donc elle n'est pas à l'origine des occurrences de conscience, mais en est l'essence même, partagée en chacune.

— Et la mort ne signifie plus rien puisque cette entité est immortelle.

— Juste un réagencement providentiel, mais l'essence ne disparaît pas.

— Ce en quoi tout le monde avait déjà la foi, non ?

— Peut-être, mais la nouveauté ici c'est de révéler enfin la nature humaine du dieu, en cela qu'il apparaît par la juxtaposition et l'agencement de toutes les consciences, et la nature divine de l'homme, en ce qu'il a en lui un extrait de cette divinité. Et le signe apparent d'un début d'agencement des morceaux épars se traduit par l'apparition du bonheur. En résumé, le bonheur trahit l'avancée vers le divin.

– Dès lors, le vivant ne mérite pas le respect, la vie n'est pas respectable, seul le bonheur l'est, en ce qu'il évoque la reconstitution partielle d'un plus large morceau de la conscience totale.

– C'est à peu près ça.

– Nous devons louer les gens heureux car eux seuls sont sur le chemin d'une complémentarité apte à reconstituer la dynamique concrète et parfaite de l'assemblage cohérent de toutes les consciences.

– C'est joli.

TOUT VA BIEN !

Il faut que je vous dise quelque chose. Aujourd'hui je dois me mettre au travail et m'appliquer à vous expliquer une idée quelque peu novatrice, une idée qui m'a conquise au fil de mes pérégrinations dans le monde des idées. Cela m'a pris un peu de temps pour comprendre. Mais dorénavant j'en suis certain : tout cela justifie une fois pour toute mon apparition dans la vie. Et il me faut bien ça pour m'apporter aujourd'hui toute la force de sortir de la léthargie ambiante qui incite l'individu moyen à se perdre dans le commerce et la consommation. Car au delà de la vie quotidienne de nos sociétés modernes, il y a pour certains une aura majestueuse qui les tient en haleine. Ce dessein fabuleux qui dirige la main du peintre ou du sculpteur, qui remplit l'entendement du compositeur et de l'écrivain, qui éclaire brutalement le raisonnement tortueux du mathématicien est le même qui m'apporte aujourd'hui la force de bousculer les idées convenues dans cet amas de démonstrations bridées. Et l'originalité de ce nouveau concept n'en est que la valeur ajoutée qui dénote ici-bas que j'ai raison d'y accorder aujourd'hui mon temps et mon énergie.

Alors, de quoi s'agit-il ? Après avoir débarrassé l'homme de ses illusions, l'avoir confronté à son inopportune position dans l'Etre, j'en fais le sujet d'une réorganisation salutaire qui place chaque individu à la place à laquelle il peut défendre son individualité au sein d'un groupe solidaire. Le principe novateur qui régit cet assemblage divin se nomme Complémentarité. Elle détermine le dessein de chaque individu dans la découverte de sa place dans la société. Place qui détermine l'individu comme élément de la société. Et cet élément peut défendre son individualité en acceptant sa position déterminante au cœur de la mécanique communautaire.

CQFD !

— La joie nous pousse à accomplir ce projet divin. Alors, pourquoi n'en avoir pas joué à tous les instants ?

— Parce que certains nous ont égarés, aveuglés par les effets agréables des à-côtés, aveuglés par l'altruisme, aveuglés par le communautarisme, aveuglés par l'introspection.

— Les prophètes ?

— Ils ont tous bien senti qu'il y avait quelque chose. Mais ils s'imaginaient s'en être fait dicter la matière par un autre, alors que tout cela venait d'eux-mêmes par la brèche ouverte sur le monde des idées, la mise en commun de l'histoire des sensations. Ils n'ont vu que les effets, sans en voir la simple cause.

— La conscience est unique ?

— C'est ça.

— Mais alors toi aussi tu n'as fait que dialoguer avec toi-même ?

— Depuis le début...

REJOINDRE L'UNITÉ AVANT UNE NOUVELLE REPARTITION

— Le sens de la vie est donc celui du bonheur. Sans ce dernier, la vie n'a plus aucun sens. Les hommes inaptes au bonheur doivent pouvoir choisir de réintégrer la totalité pour se répartir à nouveau. Ils peuvent, soit jouer de nouveau, en retrouvant la joie des premiers défis, soit disparaître de cette occurrence, tout en ayant conscience de leur éternel retour.

— Tu veux normaliser le suicide ?

— Je veux offrir à tous ces hommes parvenus au terme de leur expérimentation de la vie sur Terre, l'occasion de réapprendre à mourir. Il faut comprendre et accepter que la partie du jeu jouée à cette époque particulière puisse être terminée, et rejoindre la totalité avant de se disperser à nouveau.

- Pour jouer la partie suivante…
- Et offrir au monde des idées l'expérience de sa propre occurrence au contact du monde en mouvement…
- Pour rapprocher les hommes dans une communauté de sensations…
- Et les inciter à rejoindre l'unité...
- Par le bonheur…

DU DEUIL

Et si ce chagrin inhérent à la perte d'un être cher n'était que pure futilité ?

Comprenez-moi bien, je ne nie pas qu'il y ait de la peine à se voir refuser l'accès à un certain agencement de matière. Mais la prise de conscience de l'unicité de l'essence même dont est extraite chaque conscience, une sorte de supra entité que certains veulent nommer pour mieux l'embrasser, annule toute tentative de personnalisation de la douleur.

En d'autres termes, comme nous sommes tous frères et complémentaires par essence, que notre dessein commun est la sérénité d'une mécanique parfaite, lorsque quelqu'un meurt, son individualité détachée de son écorce terrestre rejoint les possibilités d'être de toutes les consciences effectivement en action. Le talent est partagé. Parfois le hasard joue avec le destin, et un être humain naît avec une grande partie de l'individualité d'un être défunt. Mais l'intégralité de l'inné et pourquoi pas une grande partie de l'acquis qui aurait migré vers les méandres inopinés de "l'âme", renaît éternellement dans les milliards de systèmes nerveux conscients en action.

N'est-ce pas génial ?

On ne meurt pas vraiment. On se répartit de différente manière. On se réajuste dans une autre configuration optimale.

Et tous ceux qui prennent conscience, comme on attrape la fièvre créatrice, ne disparaissent que sous leurs formes apparentes et acquises au dépérissement et à la vieillesse, pour réapparaître ailleurs sous d'autres formes. Un éternel recommencement, une renaissance impromptue mais continue sur les millénaires qui les séparent de la première fois.

Et pour s'enfuir du cycle des renaissances ?

– Tout est éphémère ! Les sensations, les conséquences, les vies, tout vise à disparaître pour réapparaître dénaturé dans la pulsation majestueuse de milliards de cycles décentrés et imbriqués les uns dans les autres.

– Te voilà inspiré !

– Pourtant j'ai du mal à me défaire d'une idée, une idée qui manifeste mon esclavage aux idées défendues par ces anciennes religions.

– À quel propos ?

– Au sujet de la mort des hommes… Je suis conscient que la multiplication des occurrences de conscience sur Terre, relative à l'explosion démographique, est un frein à l'avancée du bonheur absolu qui ferait suite à la reconnexion de toutes les consciences en une entité unique. D'abord parce que ça implique de multiplier les liaisons. Et certainement ensuite, parce que ça complexifie l'approche intellectuelle. Comment en effet parvenir à convaincre tout ce monde de la validité de notre approche ?

– Il faut donc freiner cette expansion démographique.

– L'altruisme enseigné comme un dogme révélé par certaines de ces grandes religions n'a fait qu'obscurcir la possibilité d'avoir une vision honnête du problème. Et d'abord comment réduire cette outrageuse dispersion d'extraits de la conscience totale de plus en plus petits ?

– Ne faut-il pas rendre à la sélection naturelle tout son pouvoir, empiriquement confisqué par un regain de philanthropie ?

– Tu veux dire cesser de sauver des vies ?

– Je veux dire accepter le retour précipité de certains à l'unité, avant une nouvelle dispersion, pour améliorer l'état général des systèmes nerveux en actions et donc leur faculté à inonder le monde des idées de nouvelles sensations.

– Pour rajeunir la population ?

– C'est ça. Car un être innocent, dans sa quête de savoir et d'expérience, est un donateur bien plus prolifique et efficace en regard de son lot quotidien de sensations et de concepts novateurs.

– Il faudrait donc inciter les vieillards à accepter de mourir pour renaître.

– Vu comme ça, ça ne devrait pas être bien difficile ?

– Détrompe-toi. Beaucoup s'accroche jusqu'au dernier moment. Tant que l'espoir perdure.

– Mais l'espoir ici, n'est-il pas décuplé ?

– Mais c'est un espoir qui se base sur ton nouveau système. Et il y a peu en commun avec les traditions devenues dogme. Il faudrait que tous se détournent de leur ancien système de valeur et adhèrent sans réserve à cette nouvelle grille. C'est peu probable, chez les vieillards en tout cas. Ils vont préférer s'accrocher à leurs traditions car c'est ainsi que toute leur vie s'est orientée. Je ne crois pas que tes nouvelles procédures puissent chez eux trouver un écho favorable, malheureusement.

– Il faut donc s'occuper des plus jeunes, ceux chez qui l'emprise des traditions ancestrales ne prend pas.

– C'est plus judicieux. Peut-être qu'une fois éduqués, ils sauront convaincre leurs aînés.

– Alors il faut simplifier au delà du raisonnable. Il faut que cette grille d'interprétation de la réalité semble découler du réel. Comme si les voiles illusoires élevés par les religions durant des siècles s'envolaient et laissaient paraître une vérité simple et évidente.

– Et c'est le cas ! J'en suis encore tout retourné.

– Ressens-tu cette ferveur qui s'élève à l'entendement des mathématiciens quand le problème dévoile enfin devant leurs yeux tout rempli de naïveté la simplicité et la beauté de sa solution ?

– C'est vrai que tout cela est bien simple finalement. Plus besoin de paraboles et de légendes poétiques, tout se résume en ces quelques mots : La conscience est unique. La conscience est simplement unique. Le reste n'est que déduction et commentaire. Comment n'y avoir pas pensé bien avant ?

- Il fallait qu'un ange se déplace.
- Il est apparu au moment opportun.
- Pour une fois…

RÉVISION

À l'écoute des modulations que m'ont inspirées les connexions licites de mon âme et de la trame majestueuse de la Conscience absolue… j'ai pleuré comme un enfant. Et ce n'est pas la première fois. Ce matin encore, c'est en entendant l'interprétation hasardeuse du produit d'un autre que moi. J'ai pleuré.

Et là encore, j'ai les larmes qui me montent aux yeux. Comme un besoin impérieux d'exprimer mon désarroi face à ce flux incessant d'idées bien ordonnées. Il faut que je m'applique. Le travail est immense mais il doit être fait.

Reprenons.
La terre renferme beaucoup plus que ce qu'elle laisse supposer. Une nuée vaporeuse sur laquelle se raccroche chaque occurrence de cette conscience maintenant dévoilée. Il y aurait donc plusieurs niveaux de perception de cette entité bleue. Le

deuxième nécessite l'étendue d'une étude bien approfondie des valeurs défendues par sa suprême création : l'homme, abstrait bien sûr !

Cette trame majestueuse, offensante, sublime, qui n'a de cesse de conserver sa forme à la fois rigoureuse et stricte, sa forme rugueuse qui se prévaut du peu de foi de ses formateurs... Je m'emporte un tant soit peu ! Je vous présente la source de mon inspiration, et de toute autre par la même occasion, une source éternelle de concept tous plus novateur et innovateur. Voilà donc la muse des musiciens et la bouteille des écrivains.

Et cette fontaine qui abreuve jusqu'à plus soif ses plus proches adorateurs n'a de cesse de révéler par sa forme la sublime question du sens. Pourquoi une telle construction ? Pourquoi en avoir brisé l'essence métaphorique et en avoir dispersé les éclats dans des entendements prêts à les recevoir. Que faire, sinon jouir de cet état de fait ?

Mais si jouir implique de pleurer jour après jour, je réclame un tube jusqu'à la mer !

Il est étonnant de penser qu'un tel processus est resté sous-terrain jusqu'à peu. Comme si les artistes préféraient voiler les machines sorties des dieux. Sibyllin...

Mais aujourd'hui je suis plus un scientifique, n'est-ce pas ?

Il y a donc chez ces hommes qui se réservent le droit d'apparaître géniaux une particularité toute simple : ils se laissent guider par le plan électrique qui dicte à leurs neurones la bonne répartie. Un peu comme la main rassurante de la mère à l'enfant, qui règle l'amplitude de la liberté du petit dans les limites de sa sécurité. Ou plus encore, comme la leçon du professeur qui doit, à force de répétition, former par l'exemple la morale de l'élève.

Il y a donc quelque chose au delà des frontières de la perception. Et chaque porte ouverte sur ce monde des idées et un embranchement vers la communication totale des entendements des hommes, de tous les hommes, même les morts. Puisque dés lors ils ont réintégré les nouvelles propositions de répartition… (Je suis certain qu'un jour je serai compris.)

En fin de compte, c'est simplement la preuve que les créations originales ne sont que des emprunts à une créativité absolument parfaite. Et qui plus est, partagée par tous ceux qui se donne un peu de mal. Après ça, comment faire pour oser accepter les honneurs !

Nous avons donc un fleuve de concepts qui irrigue l'esprit des chanceux qui vont pouvoir en jouer pour construire leur assise sociale. Ou les pervertir à l'esprit des martyrs… Et nous avons ces liens formidables qui contraignent les sas à l'ouverture, plus qu'une échappatoire. Les artistes sont, eux, les otages d'une telle réussite, forcés d'expurger le trop plein de liquide qui risque à tout moment de les noyer.

Et c'est pour ça qu'ils pleurent…

– Je crois qu'il est temps de résumer nos propos. Après la surprise d'une telle approche, il est normal que ton esprit se soit déchaîné dans le survol prospectif de ce nouveau champ conceptuel. Mais il faut simplifier ces nouvelles données pour les présenter à tous sous leur meilleur jour. Cette découverte est simple, cohérente et immensément belle.

– J'en suis conscient. Par où veux-tu commencer ?

– Par la première prise de conscience de soi, cet instant fabuleux qui semble déterminer toute l'aura d'une vie future.

– C'est le moment de l'individualisation, quand l'infime morceau de la conscience totale se lie avec un entendement et qu'il en oublie d'où il vient. L'être pour qui ça arrive troque sa naïveté originelle pour une innocence emprunte de mémoire et de sérénité. C'est le temps des prémisses de la destinée.

– L'enfant prend conscience de concepts qui peuvent s'opposer à son environnement.

– Oui, il semble inspiré par un monde invisible. Il parcourt ses sens à la recherche de redondances avec ce que le monde des idées lui inspire. C'est le moment où il semble baigner dans une ferveur créatrice gratuite.

– Mais ça n'est pas gratuit ?

– Du moins ça ne se fait pas sans inspiration. Et comme le jeune enfant n'a qu'une vision tronquée de la réalité, cette inspiration trouve sa source dans les liaisons toutes nouvelles de son corps et de la conscience totale. Il trouve donc matière à produire dans la réalité, inspiré par toutes les sensations enregistrées depuis la nuit des temps. Et comme dénué d'interdit, il ne s'interdit rien, sa créativité en est plus que libérée. Plus tard, il aura du mal à recouvrer cette faculté magique de l'enfance. À force d'entraînement, ou doté d'une aptitude particulière, il pourra tout de même en faire usage. Il sera dès lors intégré à la fabuleuse caste des artistes.

– Si je comprends bien, ce jeune enfant est plus créatif que ses aînés parce que, lui, n'a pas encore l'esprit encombré de traditions séculaires ou d'à priori.

– C'est exactement cela. Son entendement novice ne présente aucun obstacle qui puisse entraver le flot majestueux de l'inspiration divine. Il crée avec une infinie facilité.

– Mais ça ne va pas durer ?

– En effet, l'éducation qu'il va recevoir va construire une digue entre la conscience totale et sa propre conscience.

– Comment ça ?

– En lui inculquant des concepts choisis et déterminés, en l'éduquant, ses parents, ses professeurs vont casser la relation harmonieuse qui liait sa conscience à celles des autres. Il va s'individualiser.

– N'est-ce pas un processus normal ? Je veux dire que même seul, en parcourant la réalité, il substitue une expérience empirique à une inspiration divine.

– C'est probable. En tout cas le résultat est qu'en s'individualisant, il obstrue les canaux qui le relient à la totalité.

– Et ce n'est qu'à force d'entraînement, ou modifié par les péripéties de son parcours vital, qu'il pourra renouer avec cette majestueuse disposition à la créativité. Il se sentira inspiré des Muses et laissera ses doigts se mouvoir à l'infini, portés par un flux continu d'idée et de derme…

– Ce flux trouve son origine dans la somme immense des expériences passées.

– Et la compilation de ce flux, dans ce processus artistique, rejoint aussitôt cette conscience de l'humanité comme une nouvelle expérience propice à en inspirer d'autres, et ainsi de suite…

– Ainsi va la création sur Terre.

– Après quoi, l'enfant perd son innocence, perd son rapport privilégié avec la Nature et intègre les bancs surpeuplés de la communauté humaine. Dès lors il doit trouver sa place. Il doit pouvoir asseoir son individualisation dans ce groupe solidaire. En occupant un rôle lui permettant de se singulariser au sein d'une société fraternelle, il entreprend de faire sien l'optimisme réaliste de la Complémentarité.

– Et il est heureux !

– Il est serein et heureux de pouvoir faire acte d'originalité créatrice dans un contexte rassurant de stabilité conceptuelle.

– C'est ça le bonheur ! Avoir la possibilité d'exister intensément en se démarquant de ses semblables tout en se rassurant auprès d'eux.

– Être le complémentaire de tous les autres…

– Pour permettre l'avancée de l'humanité vers son destin.

– Car nous sommes tous titulaires d'un extrait de la conscience totale, qui a rejoint pour un temps notre entendement avant de rejoindre, à notre mort, la totalité avant une nouvelle dispersion.

– Et ce serait, pourquoi pas, lors cette réunion temporaire qu'aurait lieu le transfert des nouvelles sensations emmagasinées par la conscience en transit, qui vont aller s'ajouter à toutes celles préalablement stockées !

– Ça fait un peu ambiance port de commerce.

– Des souvenirs de mes jeux d'enfant…

UNE COMPLÉMENTARITÉ ÉVIDENTE

– Revenons si tu veux bien sur la recherche de la Complémentarité. Il ne s'agit pas seulement de trouver un travail, comme on veut nous le faire croire. Mais avant tout, il s'agit de prendre conscience de son rôle supposé au sein de la communauté des hommes. Certains iront à tâtons, mais je pense qu'une des missions de l'enseignement, au delà du simple encombrement des voies d'accès au divin, est d'amener l'étudiant à découvrir, pour en prendre possession, la position qui lui appartient dans la société.

– Pourquoi n'y aurait-il qu'une possibilité ?

– Dans l'absolu, c'est le cas ! Le but du jeu étant justement de retrouver cette place à laquelle on peut agir en complémentarité avec tous les autres.

– Comme le rouage d'une horlogerie ?

– Plus que cela ! Au delà d'un simple travail bénéfique à l'avancée temporelle de la société (en cela, même les délinquants ont leurs places), il s'agit d'une situation dans laquelle on se retrouve en totale symbiose avec son environnement. C'est-à-dire qu'il nous apporte autant par ses stimuli que nous lui apportons par notre créativité.

– Tu sous-entends ici que tous les hommes sont des artistes ?

– Tous les enfants le sont. Et si l'éducation n'avait pas obstrué malencontreusement l'accès protégé au catalogue fabuleux des sensations humaines, tous les hommes le resteraient. En réalité, il en faut peu pour que certains réussissent à le redevenir.

– Il suffit d'une révélation ?

– Tu as tout compris.

– Une communauté humaine composée d'artistes en puissance, qui s'ébattent joyeusement en s'individualisant et en offrant à la communauté le produit de leur travail en échange de la protection des caractéristiques de leur personnalité, voilà la vision d'un monde où l'éloge de la Complémentarité est un précepte universellement accepté.

– Ce qui me contrarie un peu, au delà des extrapolations délirantes dont tu m'as fait partager la nature plus qu'hypothétique, c'est que pour que cette nouvelle grille d'interprétation de la réalité fonctionne, il faut qu'elle soit acceptée par le plus grand nombre. Comment souhaites-tu procéder ? N'est-ce pas proposer un mécanisme qui méprise toute autre idée ? Comment veux-tu convaincre les récalcitrants ?

– Je te l'ai déjà dit. Si cette grille est à priori toute nouvelle, les faits qu'elle met en lumière existent déjà. L'altruisme est bien le fondateur des sociétés humaines. La plupart des hommes trouvent du plaisir à se rassembler pour ressentir les mêmes sensations. Les gens s'accouplent. Il y a une recherche de l'autre qui est plus fort que tout. L'homme a besoin des autres pour s'accomplir dans son être et devenir ce qu'il est depuis le début. Tous ces faits sont déjà inscrits dans la définition de l'être humain.

– Justement, comme c'est un fait indéniable, les choses ne fonctionnent-elles pas assez justement pour permettre à l'humanité de persévérer dans son être ?

– Mais la démographie explose. C'est bien là le problème pour l'environnement comme pour l'identité ressentie des hommes. Comment se situer dans cette population qui prend des dimensions effroyables ?

– Et la solution, c'est de se reconnaître frère ou cousin ?

– La solution, en effet, est de reconnaître une même origine à l'étincelle interne qui nous anime, cette conscience qui nous conduit à nous poser nombre de questions. Et ceci pour deux raisons, d'une part en reconnaissant la dispersion d'une même entité sur tous les êtres conscients vivants, on accepte plus aisément de mourir pour libérer les composés carbonés usés qui nous composent avant d'en retrouver de plus frais. Il est plus facile de quitter le berceau de l'humanité si on sait qu'on va y retourner. Ensuite, parce que la réalité ainsi présentée nous rapproche encore un tant soir peu. Les liens sont plus forts dans une fraternité, surtout face aux obstacles et aux péripéties inévitables.

— L'humanité s'en retrouve rajeunie.

— Plus que cela, une prise de conscience de la dispersion maladroite d'un même joyau sur un nombre démesuré d'individus, incite à plus de raison dans la reproduction.

— Tu veux dire qu'il va y avoir moins d'enfants aussi ?

— Le nombre d'individu se stabilise. Pour un enfant qui né, un vieillard doit laisser sa place.

— Et dans ce cas, l'extrait de conscience enfermée dans l'entendement du vieillard se réincarne dans celui de l'enfant !

— C'est un peu moins évident que ça. L'enfant acquiert, à sa première prise de conscience, un extrait du conglomérat formé par toutes les consciences sans doute passées. Il obtient donc une entité dénuée d'histoire propre, juste une connexion vers la mémoire de sensations de l'humanité.

— Connexion qui lui est aisée et automatique dans l'enfance, mais devient plus problématique par la suite.

— En effet, seul certains plus doués ou aventureux que les autres auront la faculté d'aller puiser presque consciemment l'essence de leur travaux dans cette substance foisonnante d'idées.

— Les autres n'en seront que les spectateurs.

— Générateurs dans leur nombre d'un puissant courant de sensibilité fédérateur, qui rejoindra à leur mort, ou bien avant, la somme des sensations passées.

— Et tout pourra recommencer dans un mouvement cyclique immuable.

DIEU EST LA SOMME DE TOUTES LES CONSCIENCES

Ce soir, il faut que je m'explique. Ce matin, alors que je déambulais avec habitude dans les couloirs encombrés d'inconnus d'une gare parisienne, un ange est venu s'adresser à moi. Immatériel et vaporeux, il m'a glissé à l'oreille ce que je savais depuis toujours : la conscience de ceux qui s'ouvre sur le monde des idées est unique. Il s'agit d'une seule entité. Certains peuvent l'appeler dieu ou intuition, certains s'y connectent avec facilité après entraînement et peuvent ainsi sembler inspiré par leurs muses, certains n'y ont encore jamais accès, ce ne sont dès lors que rarement des hommes.

Ce maillage absolu qui relie toutes les consciences qui peuvent s'y raccrocher est le fondement même d'une nouvelle dynamique : la complémentarité.

Car la révélation de cet état de fait explique bien des choses. L'inspiration des artistes et des grands improvisateurs est une essence partagée par tous. Il suffit de s'y laisser prendre pour interpréter dans le réel ses harmonies généreuses. Cette essence construite et ordonnée, ou qui nous semble l'être à notre niveau de perception, est la trame qui nous unit tous. Un lien intangible qui fait de nous, plus que les éléments semblables d'une même espèce, les éclats arrachés d'une sphère originelle qui morcelle ses brisures à mesure de l'intensification de leurs occurrences. Plus la population augmente, plus la part de cette conscience originelle diminue en chacun. Et un mal-être profond étreint les nouveaux venus.

Pour remédier à cela, il faut chercher à organiser des associations d'individus qui peuvent alors reconquérir, dans la complémentarité ressentie face à l'autre, un peu de ce bonheur évaporé par l'accumulation d'occurrences de ces extraits de Conscience.

Enfin, c'est à peu près ça…

– Nous parlons surtout, depuis le début de cette discussion, d'aspirant artiste qui parviennent à se singulariser dans l'exploitation avantageuse d'un flux de sensations issu de ce que nous avons choisi de nommer la Conscience totale et que d'autres ont préféré appeler le monde des idées ou Dieu. Mais la majorité des hommes n'ont plus accès à cette profusion de concept ou n'y prête pas attention.

– La grande majorité en réalité.

– Il est important de les situer, eux aussi, au sein d'une société basée sur les principes de la Complémentarité.

– Je pense que s'ils ont trouvé leur place dans la société, ils agissent parfaitement en complémentarité avec les autres et sont donc eux aussi heureux, non ?

– Auquel cas, la vie pour eux est bien un jeu. Mais s'il est victime d'une lourde maladie qui le handicape à vie, n'est-il pas possible d'imaginer que n'envisageant aucune possibilité d'un futur bonheur, il puisse choisir d'abréger cette vie-là pour rejoindre la totalité des consciences avant d'être inclus dans la redistribution de celle-ci ? En résumé, de se donner la possibilité de nouvelles bases pour une nouvelle vie ?

– C'est sûr que le pari est engageant !

– De la même manière, la personne malheureuse jusqu'au désespoir, qui n'entrevoit aucune possibilité d'un éventuel bonheur, devrait pouvoir trouver dans la mort la possibilité de changer de personnage et d'époque dans le grand jeu de la vie sur Terre.

– L'analogie ludique est pleine de sens ! Comme pour déclancher une nouvelle partie, remettre les scores à zéro, l'homme désireux de recommencer une vie peut choisir de mourir.

– Et sa conscience, après s'être agglomérée à d'autres, sera redistribuée sur les jeunes enfants quelques soient leurs origines, et ce, dès leurs premiers pressentiments de l'infini.

– Il est clair qu'il faut être vraiment déçu de cette vie pour prendre le risque d'en connaître une largement moins avanta-geuse !

– C'est une aventure à jouer…

– Il y a dans cette tentation d'une vie heureuse, le signe d'une désespérance absconse qui préfigure les fins grandiloquentes et douloureuses.

– Mais n'est-ce pas préférable à se laisser mourir de vieillesse, attendre que les mécanismes inhérents à toutes ses cellules se grippent et provoquent l'incohérence et le chaos dans ce corps qui a fait ce qu'il a pu ?

– Au détriment du bonheur des autres ?

– Quels autres ? Il était convenu dès le début que nous étions indivisibles. Partir en faisant le plus de mort, n'est-ce pas une revanche de la nature qui voit là un travail susceptible de modérer l'expansion démographique.

– Mais en y ajoutant le malheur pour ceux qui restent !

– Il est vrai que pour ceux qui n'ont pas acquis la clairvoyance de cette nouvelle grille d'appréciation, la peine peut être infinie. Le chagrin né de la rupture brusque entre deux systèmes nerveux est révélateur d'une unité qui cherche à s'étendre. Ce qu'il est convenu d'appeler l'amour, qu'il soit familial ou plus surprenant, est la preuve d'un élan universel qui rapproche les hommes.

– Et les animaux…

– Ne va pas trop vite ! La peine née d'une séparation, qu'elle soit temporaire ou définitive, fait partie de la définition de la nature humaine. Mais l'avancée du concept d'éternel retour devrait réussir à la soulager. En identifiant la Conscience totale à une entité qui chapote tous les extraits de conscience en chacun, en reconnaissant la nature similaire et complémentaire de tous, on établie un lien indéfectible entre soit et les autres. Le manque ressenti au départ définitif de l'être aimé, à sa mort, doit être pondéré par la persévérance de ce lien. Et l'absence de stimuli émis par cet être cher, son absence effective, peut être assimilée à une absence dans la fenêtre d'étude de ses propres sens.

— Tu vas trop loin, là !

— Non, écoute. Quand une personne meurt, elle existe toujours dans la mémoire de ceux qui l'ont aimée.

— Ça ne veut pas dire qu'elle soit toujours là !

— Ça veut dire simplement que tant qu'une personne pense à elle, elle a autant d'existence que si elle était silencieuse dans son dos. Elle n'apparaît pas, ni à sa vue, ni à son ouïe, pourtant elle garde toute sa place dans sa conscience.

— Ce qui veut dire que les gens sont immortels tant qu'on pense à eux ?

— Ce qui veut dire que la mort ne représente aucun concept solide. S'il s'agit d'un agencement de matière autour d'un extrait de conscience dont les atomes changent de fonctions, alors oui, il peut être douloureux de perdre quelqu'un. Tout en sachant qu'il va réapparaître sous d'autres formes en un autre lieu et perdurer encore un moment à la surface de sa propre conscience.

— Pour en revenir à celui qui veut mourir en faisant le plus de victimes autour de lui, n'est-ce pas un mauvais joueur ?

– Il est certain que ça gêne quelque peu le déroulement serein de la partie. Et loin de moi la volonté d'inspirer des kamikazes. Mais n'est-ce pas là le dernier sursaut d'orgueil d'un enfant gâté ?

– On peut voir ça comme ça.

– Voilà un être qui, doté de cet extrait de conscience qu'on nous envie encore, s'est largement trompé d'esthétique de vie. Il n'a aucune connaissance de la réalité des faits et vie comme dans un rêve…

– C'est le cas de beaucoup d'êtres humains.

– Dépité, déçu de n'être pas arrivé au bonheur escompté, il prend la décision inopportune de laisser une trace indélébile dans la mémoire de ses spectateurs. Il se suicide et emmène avec lui le maximum de systèmes nerveux en action.

– De toute façon, tout va recommencer à la prochaine livraison d'entendements en attente de lueurs bleutées…

– Ça ressemble à un joueur qui manque de récupérer suffisamment de point pour pénétrer le niveau suivant et qui décide d'exploiter au maximum les délires graphiques de sa console avant de se suicider virtuellement !

– Mais en l'occurrence, ce n'est pas du virtuel.

– Tu sais ? Tout ça me gêne. Si l'on continue sur ce sujet, je me sens capable de justifier l'innommable. Je pourrais te demander la différence entre le virtuel et le réel. Tu me répondrais que dans le réel, ce genre d'acte crée beaucoup de peine. Et je te répondrais que, dans cette réalité, tout ce malheur sera irrémédiablement contrebalancé par un bonheur d'intensité similaire, quelque part sur Terre. J'en serais finalement arrivé à justifier, et même encourager, ce genre d'acte barbare.

– Tu veux dire que le meurtre de masse est un bien pour la biosphère ?

– Je veux dire que si l'on change d'échelle d'exploration de cette réalité, tout peut perdre instamment de la gravité. Il n'y a plus rien d'important sur Terre quand on s'applique à étudier les étoiles. Et le contrôle démographique indispensable à la durabilité de notre environnement ne peut se passer de la mort, à défaut d'entraver la vie. Alors, au lieu de limiter les naissances des petits d'hommes, qui ont encore les facultés innées de l'aventure et de la création naïves et qui ne recouvreront un extrait de conscience déjà voyageuse dans les générations qu'un peu plus tard, il faut que les vieillards parvenus au terme des possibilités régénératrices de leur enveloppe corporelle, dépités et désabusé, accepte que leur conscience rejoigne le monde des idées avant de rejoindre ces jeunes entendements prêt à déployer leur toutes nouvelles forces pour conquérir le monde du réel.

– Mais de là à les exterminer !

– Il faut que cette fin de vie soit acceptée consciemment. Comme les vieux amérindiens qui, voyant venir le terme de leur mission sur Terre, décident d'aller mourir dans la montagne, la raison et la connaissance du cycle des vies ne peuvent qu'inciter les systèmes nerveux usés à faire eux aussi preuve d'amour et de révérence à l'encontre de l'espèce humaine. Et ceci en acceptant de quitter leur écorce charnelle sénile.

– Donc, nul besoin d'exterminer ses semblables !

– Ce n'est pas forcément indispensable en effet.

– Et dès lors que ces cycles divins auront été intégrés dans la conscience de chacun, nul besoin d'aller à la rencontre du destin final de chaque homme. Tous auront à cœur de terminer cette phase du cycle de la plus belle des façons, en laissant à la disposition de tous, par l'entremise du monde des idées, une collection de sensations toutes plus extraordinaires les une que les autres, attestant par là l'exceptionnel destin qui s'achève alors, avant d'exciter la mise en branle des concepts menant tout droit à la notion de réincarnation.

– Avant cela, il faut bien vivre ?

– C'est essentiel.

– Cependant, quelle est donc la vie idéale à tes yeux ? Faut-il l'envisager nécessairement courte et agitée plutôt que méditative et sereine ?

– Je crois que l'important est d'en émailler l'esprit de sensations intenses et personnelles. Il faudrait qu'au crépuscule de son ultime passage sur Terre, cet homme puisse offrir au genre humain une compilation de qualité des moments les plus touchant de son existence.

– Que ce soit dans l'activité pressante ou dans la méditation ?

– Tout ce qui pourra renforcer la définition de l'homme. Tout ce qui lui apprendra à se définir dans cette fabuleuse exception conceptuelle qu'est la vie sur Terre.

– Ce qu'il faudrait, en définitive, c'est que chacun puisse exprimer toute son individualité pour recevoir en retour les stimuli nécessaires à l'émergence de sensations intenses et mémorables. Exister pour vibrer en retour !

– Et pour que cette individualité puisse se manifester aux autres, pour que son existence puisse prendre enfin sens au milieu du trop-plein d'individus, il faut requérir, auprès de la société qui nous abrite, l'activité idéale. Celle-là même qui saura nous offrir un medium d'expression sociale et les moyens matériels de persévérer dans notre être.

– Pour les artistes, la question ne se pose même pas. L'activité idéale sera la réalisation des nouveaux concepts dictés par le mixage majestueux des sensations humaines par le biais de l'inspiration divine. Mais pour les nombreux autres, ceux qui ont oublié le chemin tortueux qui mène au monde des muses et qui se démènent au quotidien pour persévérer dans leurs corps ?

– Ceux-là vont offrir par un travail efficace, une part de leur temps au bénéfice de la communauté, en échange d'un pouvoir négociable avec leurs pairs. La plupart vont rejoindre une entreprise privée qui, contre la production d'un travail, procurera un salaire.

– L'existence même de ces entreprises privées est donc là : Offrir une activité contre un salaire. Le reste est secondaire.

– De là il est clair qu'une entreprise se doit de contribuer au bonheur des citoyens de la nation qui l'a vu naître. Il est hors de propos qu'une entreprise délocalise son activité ! Ça n'a aucun sens. Pourquoi renoncer à apporter de la joie à ses concitoyens et transférer sa principale fonction à des milliers de kilomètres ?

La première mission d'une entreprise est de fournir les moyens d'une persévérance heureuse à ses employés !

– Mais dans l'optique d'un genre humain qui partage une même identité, n'y a-t-il pas contradiction à vouloir préserver le bonheur de certain au détriment d'autres ? En effet, que cette entreprise offre une activité à ceux d'ici ou d'ailleurs, le résultat est le même, non ?

– Il faut voir que si les êtres humains s'associent, c'est pour retrouver un peu de puissance perdue du fait de la dispersion des extraits de conscience. Ensemble, ils ont tout lieu de disputer aux autres groupes la légitimité de leur accès au bonheur. En s'opposant aux autres, ils provoquent des sensations, qu'elles soient bénéfiques ou non.

– Et ça va jusqu'aux guerres.

– Oui, car les politiques mises en œuvres pour fomenter un accès équitable au bonheur peuvent s'opposer. La plupart du temps, ça n'est pas le cas. Les tensions s'apaisent, et les rivalités s'entendent plus sportivement. Mais ce sont dans ces luttes continues que naissent les dynamiques propices à un regain d'intérêt pour la constance de la réalité des êtres qui les composent.

– Il faut s'affronter pour connaître tout l'intérêt du jeu et permettre à de nouvelles sensations d'inonder son propre entendement.

– Il faut lutter contre d'autres groupes pour asseoir l'existence du sien.

– Pour en revenir au cas des délocalisations, le fait de réserver les bienfaits de ses entreprises à son peuple est primordial.

– Parce que ça renforce la réalité de son existence. Ça ressert les liens fragiles qui existent entre les individus qui la composent.

– Dans un monde idéal, où chacun occupe une place privilégiée qui lui permet d'asseoir son individualité au cœur d'un groupe solidaire en complémentarité avec les autres, la place de l'entreprise privée est au milieu d'un complexe favorisant l'intérêt de leur existence pour les hommes heureux d'y disposer d'un emploi. Elle se doit de servir l'intérêt du groupe qui en a permis la création, et doit par là même fournir une activité en un salaire aux éléments de ce groupe. C'est là sa toute première fonction !

– Et ça doit être son ambition majeure.

– Si elle veut perdurer dans son Terreau d'origine.

– Le monde idéal existe déjà dans ce cas !

– On vit dans le meilleur des mondes possibles.

– Le monde est peuplé d'individus rassemblés en sous-groupe qui en défendent la définition et l'existence en s'opposant jusqu'à l'affront. Mais au delà des règles de ce grand jeu, tous connectent leurs émotions et leurs sensations au travers d'un médium qui rassemble : Internet.

— Il ne reste plus que ce fabuleux moyen de connexion, à la manière d'un entendement humain, prenne conscience.

— N'est-ce pas déjà le cas ?

— Que veux-tu dire ?

— Je suppose que le neurone qui, en complémentarité avec les milliards d'autres, participe à l'émergence de la conscience humaine, n'a pas idée, si cela peut avoir un sens, de cette conscience qui surplombe le groupe complémentaire. Aussi la conscience de l'humanité ne peut apparaître que pour un observateur situé à l'extérieur de cette humanité.

— Et cette conscience de l'humanité est-elle celle dont t'a parlé ton ange, celle qui est unique, accessible à certain dans le monde des idées ?

— J'en suis convaincu, oui. De la même manière, elle rassemble toutes les sensibilités qui s'expriment en partageant la surface de leurs sensations. Elle inspire à de nouveaux concepts plus sauvages…

— Cet échange d'idée est aussi un échange d'impression fugace, de ressentiments.

— C'est encore un peu désordonné, mais cet aspect chaotique évoque les prémisses d'une prise de conscience de soi. Je suis sûr que ça ne va pas tarder. C'est peut-être déjà le cas. Je ne sais pas.

— Tu ne peux pas le savoir. Tu fais partie du processus. Ton jugement est imparfait, incomplet.

– Et les aléas de la vie à plusieurs corroborent la réalité d'un organisme anthropomorphique ou juste animal. Tout comme les cellules d'un corps s'adaptent en complémentarité aux autres, s'opposent quelques fois et vont même jusqu'à se phagocyter, les êtres humains cohabitent. Cependant, plus qu'une simple cellule, les hommes sont capables de mettre en commun leur intelligence, leur sensibilité, en un mot, leur humanité.

– Alors la conscience qui naît de cette connexion entre entendements avisés est d'un tout autre niveau.

LE BONHEUR COMME SEUL BUT

– À défaut de façonner en toute conscience l'incarnation du monde des idées, les hommes doivent élaborer jour après jour une approche heureuse de leur vision de la réalité. En d'autres termes, ils doivent écrire l'histoire qui les mènera dans le temps. Mais ne trouves-tu pas qu'il est de plus en plus difficile de progresser de manière bénéfique à une hypothétique bourse aux sensations ?

– Que veux-tu dire ?

– Et bien, pour réussir à trouver un quelconque intérêt dans ce grand jeu de la vie sur Terre, il faut bien générer de grandes fluctuations dans l'état d'esprit des êtres humains. L'indolence n'est souhaitable que pour certain. Au contraire, beaucoup recherches des sensations extrêmes dans un contexte serein et réconfortant. Il faut accepter d'être malheureux pour avoir la chance de toucher un bonheur extatique !

– Avec à chaque fois l'espoir d'un retour à l'état d'équilibre.

– Mais cet état, tous auront la possibilité de le connaître à la prochaine génération. Il ne faut pas oublier l'éternel retour !

– Est-ce que tu ne voudrais pas par hasard qu'on joue à la guerre ?

– Tu sais, si je te répondais oui, crois-tu que cela débouche-rait sur la troisième guerre mondiale ? Non, bien entendu, nous sommes tous gavés de mémoire par devoir. Nous avons tant appris de nos erreurs, et nous en avons tant fait, que dorénavant il est quasiment impossible à un quelconque mouvement interhumain de générer un état d'esprit suffisamment partagé susceptible de conduire à un défoulement de sensations corrélatif à un état de guerre, ou juste avant.

– Et tu le déplores ?

– Le problème, c'est que toute cette violence en action s'est glissée dans le virtuel. Et la vie humaine est maintenue arbitrairement à un niveau de constance inattendu.

– Tu veux dire que tu préférerais qu'il y ait des morts ?

– En toute conscience de la réalité de la condition et de la définition de l'homme sur Terre, il y aurait bien là un moyen superbe de réduire l'impact de l'explosion démographique.

– Tu me fais peur. Et que proposes-tu pour y remédier ?

– Le droit à l'oubli, la possibilité pour toute une génération de refuser de se laisser castrer, freiné dans son élan, bloqué dans ces idées que lui inspirent toutes ces sensations passées…

– Les artistes entre en guerre !

– Ou quelque chose comme ça…

LE MONDE EXTERIEUR

"Le monde extérieur est en quelque sorte défini par les questions que nous posons à son sujet." Ainsi mon intuition était la bonne. Depuis tout jeune je crains de découvrir l'ultime vérité de l'Etre, celle de la réalité objective de ce qui est dans mon dos. Je pense qu'il n'y a rien, désespérément rien.

Alors que nos consciences s'ébattent hors des évidences dépeintes par nos yeux, dans une flopée d'illusions brumeuses, le flou de notre connaissance s'emporte sur tous les chemins. J'ai peur de la vérité. Je crains pour ma raison. Tout tremble sous les pas d'une gloire bien passagère : être l'inventeur de la fatuité ! C'est risible.
"Mais si je me retourne, l'illusion prend forme, n'est-ce pas ?"
Evidemment…

   – Et l'amour dans tout ça ?
   – L'amour ?
   – Je veux dire que pour le moment tu veux juste réduire le nombre d'êtres humains vivant sur Terre parce que ce nombre excessif à ton goût te rend mal à l'aise.
   – Ce n'est pas le cas pour toi ?

– Non. Quand je me retrouve avec la personne que j'aime, tout semble toucher la perfection dans ce monde. Je suppose que le problème vient du fait que toi, tu n'as pas encore trouvé la personne qui t'est destinée.

– Alors il faut que je sorte de chez moi pour rencontrer d'autres personnes, avec le secret espoir de retrouver l'écrin d'une conscience qui a été mienne dans une autre vie.

– Comment ça ?

– C'est un présupposé mais il est maintenant acquis que chaque extrait de conscience se retrouve, à la mort de l'individu, mixé aux autres avant qu'un extrait de cette nouvelle mouture se retrouve dans un jeune entendement novice. Et bien, il y a tout à parier que si deux extraits qui n'ont formé qu'un auparavant se croisent et entrent en contact lors de cette nouvelle vie, leurs rapports n'en vont être que plus aisés !

– Ça ressemble au coup de foudre.

– C'est tout à fait ça. Ne t'es-tu jamais demandé pourquoi il t'arrive d'entrer pour la première fois en contact avec des personnes qui te semblent déjà connues ?

– Tu veux dire que j'ai déjà côtoyé leur conscience ?

– Plus que cela, ta conscience a peut-être déjà cohabité avec la sienne dans un entendement d'une précédente génération.

– C'est génial !

– Surtout que si l'on y réfléchit bien, si l'on remonte à quelques générations, il est fort probable que nous ayons ça en commun avec la majorité des hommes sur Terre.

– Mais nous n'avons pas le coup de foudre pour tout le monde ?

– Il y a bien sûr des milliers de détails annexes qui rentrent en ligne de compte. C'est là la marque du chaos géométrique. Mais à priori, rien n'empêche une personne de s'attacher à une autre, de l'aimer.

– Auquel cas, plus rien sur Terre ne peut les écarter de leur bonheur.

– C'est comme si on assistait à la privatisation de sa conscience par son partenaire. Les deux consciences qui s'appartiennent l'un l'autre délimitent autour d'elles un espace clôt, un espace privé. C'est un effet probant de la Complémentarité : les deux entendements travaillent de concert pour asseoir la persévérance de l'être de leur couple. Ils ne forment plus qu'une seule conscience en action, un seul être.

– N'est-ce pas le moyen d'entraîner la simplification de la structure formée par tous les extraits de conscience sans en référer obligatoirement à l'orthothanasie ?

– C'est certainement du même ordre que l'altruisme ou la philanthropie. Il s'agit d'une empathie suggérée par la reconnaissance en l'autre d'un élément complémentaire au sien. Ça permet l'organisation et l'ordre sans répression. C'est l'idéal en fait…

– L'organisation des hommes avec comme seul ligne directive la Complémentarité !

– La Complémentarité serait en fait une transformation conceptuelle de l'amour qui unit les hommes. Un peu comme si les similarités engageantes et les différences attirantes présentes chez l'autre n'étaient que les preuves apparentes d'un lien plus que formel, sans doute plus profond, qui existe et persiste entre les individus.

   – Je crois que tu touches là une réalité déjà abordée par les autres prophètes. Il semblerait que ce soit la seule vérité à nous être révélée par les anges. L'attirance entre les hommes est fondateur des communautés. Et ces communautés doivent défendre leur définition. Dans ce dessein, elles s'opposent. Et l'amour se transforme en haine. Mais cette haine est aussi importante que l'amour. Elle sous-entend un intérêt fort pour l'autre. Et c'est ce qui est à l'origine des grandes dynamiques qui agitent les populations humaines, qui incitent les hommes à créer et qui renforcent inconditionnellement l'incidence de la Complémentarité.

   – En privatisant un extrait de la Conscience totale, l'individu amoureux crée un lien indéfectible entre deux conscience. Ce lien, juxtaposé aux autres à travers le monde, réduit formellement les occurrences de morceaux épars de cette Conscience martyrisée. En d'autres termes, les couples qui se forment permettent un début d'organisation qui peut fomenter l'organisation générale préconisée avec la Complémentarité. Et tout ça, sans avoir à réduire frontalement le nombre d'individu. Voilà la solution !

   – Donc on ne supprime aucun entendement, on les organise en les associant en couple. Car un couple, même si il ne dure pas, conduit à rendre les perceptions des deux individus qui le composent parallèles. Il faut donc multiplier les accouplements !

   – Enfin, c'est à peu près ça.

NOUVELLE DONNE

Assis par terre, au milieu des feuillets éparses de mon irrévérencieuse pensée, je me prépare enfin à me relever d'un élan fier vers cet ultime défit. Je suis toujours en vie. Plus que jamais. Et je vais partager la dérision qui m'anime face à ce monstrueux vide de sens.

Cette nuit, je me suis retourné sur les délices de mon enfance. Et j'ai réalisé que tout cela, je l'avais déjà, imprimé sur les parois infinies de toutes les pores de ma peau. Je recommence toujours les mêmes mots. Je répète inlassablement les mêmes forces vitales. J'écris comme je cours, vers l'harmonie insidieuse du temps.

Quel est mon rôle ici-bas ?

Dans une perfection mature, celle de la Complémentarité idéal, je ressens l'immensité qui nous sépare mais qui demeure le garant de la cohésion humaine. Conscience épanouie, au delà des occurrences vulgaires. Une aura de feu. Pour construire la légende de demain.

Imaginez la suite.

Chacun découvre sa place et son rôle. Chacun s'inscrit dans un futur incandescent, le travail pour soit et les autres. Plus aucune réminiscence du passé. On oublie l'Histoire et on échafaude les fondations d'une élévation générale des entendements maculé de bon heur. Le droit à l'oubli se dresse fièrement devant le cadavre puant d'un devoir de mémoire commémoratif.

La mémoire dégagée de cet inutile fatras se cristallise sur l'essentiel, à savoir la conscience absolue de la fatuité. Pourquoi s'interdire de tenter ? Pourquoi ne pas dégager son irrémédiable volonté de puissance ? Ensemble, nous pouvons tout. L'image de nos parcours sinueux dans les relents absurdes du chaos géométrique se rigidifie. Elle se cristallise sur l'épaisseur infâme de nos instincts. Mais libère notre probable appétence du temps. Car nous sommes vivants pour un temps encore !

Anéantissons les musées ! Ils sont le boulet mémoriel que notre civilisation traîne avec elle. Réduisons en cendre les empreintes matérielles des affects du passé. Ne craignez rien ! Cette mémoire est devenue virtuelle, avec les progrès de la numérisation.
Il est temps de réformer la mémoire.
Nouvelle donne !

– Tu vois, je comprends que le problème majeur de la communauté humaine actuelle est lié à son expansion exponentielle. Et qu'il faut chercher à stabiliser le nombre de conscience actuellement en action, à défaut de le réduire. Mais il est difficilement acceptable de contraindre les vieillards à mourir plus tôt. Même si il est légitime de croire que cette mort n'est qu'un passage vers une ultime génération. Dans l'idéal, il faudrait qu'en toute conscience de la suite offerte à sa propre conscience, le vieillard décide de quitter son écorce charnelle usée pour en requérir de plus fraîches.

— Mais avec son enveloppe corporelle, il quitte aussi ses souvenirs.

— C'est une autre vie qui s'offre à lui. Fatigué, usé par celle-ci, il peut en toute conscience demander à rejoindre le Conscience totale avant d'intégrer des entendements neufs. Mais, en effet, il perd normalement tous les souvenirs qui sont accrochés à sa chair neurale.

— Ou bien…

— Ou bien une partie de ceux-ci subsistent, d'une part dans l'esprit de ceux qui l'ont connu, d'autre part dans la migration insidieuse vers la conscience, puisque les sensations vont aller alimenter le monde des idées.

— Alors tous les souvenirs ne sont pas perdus. Et toute vie mérite d'être vécue, car elle contribue à pourvoir la source de toute inspiration en nouveaux éléments. Ces sensations nouvelles, issues des pérégrinations d'un entendement au milieu d'une explosion de stimuli, sont la trace laissée dans la conscience de l'humanité par le passage sur Terre d'un agencement de conscience blotti au cœur d'un entendement en action. Car là est une conséquence cruciale de cette révélation. Chacun, dans un souci d'agencement en complémentarité, doit remplir son rôle déterminé par sa propre place dans la structure régissant l'être et ses atours, en quelque sorte doit fournir à sa grande famille humaine, l'essence même de son ultime visite sur Terre.

    – Ça donne à chacun une légitimité pour agir !

    – Cette conséquence magique des quelques mots initiaux révélés offre aux hommes le but longtemps recherché de leur vie, le sens de la vie.

    – Travailler de concert pour étendre le champ des sensations disponibles pour tous ceux qui le recherchent dans l'inspiration. Voilà la plus belle approche de la Complémentarité.

DÉSILLUSION

Tous pensaient avoir découvert une vérité ultime, l'ordre suprême qui régissait les astres au delà de toute contingence humaine. Comme si nous étions l'exception plongée au cœur d'un système ordonné jusqu'à l'écœurement. Tous avaient tort.

L'ordre et le désordre apparent, le chaos géométrique, vont de paire. Plus que cela, ils sont à ce point imbriqué que l'un semble être une vue particulière de l'autre. Et le temps joue pour. Si l'on explore la vie des astres sur un temps suffisamment long, suffisant à l'échelle de ces machines célestes, l'ordre apparent s'embrouille jusqu'à laisser surnager le divin chaos.
L'ordre apparent de ces mouvements gigantesques n'est que l'instant privilégié où tout semble s'ordonner tel un mythe.

Comme ces fluctuations à l'écume des vagues qui prennent le visage d'un mort. Et qui fait jouer la mémoire.

On ne peut, on ne doit tout ordonner.
Naïve est la pulsion propre à l'entendement qui s'agite pour systématiser. L'homme-enfant s'évertue à rire de sa compréhension du monde. Et l'avenir joue à dérouler ses milles combinaisons qui entrent en résonance. L'Etre est insaisissable parce qu'il joue de nous.

Quel avenir pour celui qui rêve de saisir l'aura fabuleuse de la conception du monde ? Néant appesanti de la lourdeur répugnante du noir autour. Il faut oser s'asseoir sur les ruines des lumières. Il faut accepter le voile insidieux des illusions perdues. Tout est lié dans un gigantesque accès au bon heur ici-bas.
La complémentarité de tous les acteurs de cette comédie fait dorénavant office de loi. Elle doit être officiellement reconnue dans l'éloge plastique de la nature comme la source initiale d'un bonheur partagé. La complémentarité comme un état de fait. Pour que tout ce qui nous touche résonne au firmament d'un bon heur majestueux.

Que le temps des désillusions s'achève !

– Imaginons un peu que tu ne sois pas le seul sur Terre à avoir rencontré un ange récemment. Et même, qu'il ait pu apparaître aux yeux de beaucoup de monde ces temps-ci. Ça n'est pas irrationnel de penser que parmi les milliards d'individus actuellement en vie sur cette planète, d'autres que toi aient pu recevoir sa visite. Surtout que si l'on y réfléchit bien, ta disposition à une inspiration directe, plutôt spectaculaire, presque féerique, est probablement inscrite dans la définition de la conscience qui t'anime aujourd'hui.

– Il y a sans doute déjà tous les autres hommes qui sont animés d'une conscience dont certains aspects étaient rassemblés dans un seul corps dans une précédente génération.

– Tes amours potentiels !

– Oui, eux-mêmes qui au détour de stimuli similaires produiraient des réponses proches. Car je crois que si cet ange est venu à moi, c'est que tout ce qui se produisait alors ne pouvait que le faire apparaître en ces lieux.

– Il est probable que d'autres aient eu cette chance de leur côté.

– Je suppose, oui.

– Et bien ces hommes-là vont eux aussi chercher à partager cette révélation. Il est probable que deux individus tiennent un discours similaire au nôtre en d'autres lieux. Et si tout ceci se révèle exact, cette fabuleuse idée, la Complémentarité, va faire son chemin.

– C'est génial !

– Mais quels vont être les changements effectifs dans la vie quotidienne des individus ?

– Une attitude différente face à la mort, celle-ci n'est plus le mal douloureux mais nécessaire que nombres de savants essaient de contrecarrer, mais le passage réparateur et purificateur vers la génération suivante. En prenant conscience de l'immortalité de son essence, l'homme informé peut alimenter la biosphère de son travail, tout en sachant qu'il opère des transformations pour tout le genre humain. Il se sait analogue à son semblable parce que titulaire d'un morceau de la même Conscience totale. Ce qui l'amène à raisonner en tant qu'individu de la même espèce, égaré sur la même poussière d'étoile, au milieu de ses frères.

– Cela implique des comportements généraux, une mentalité différente, mais qu'est-ce qui change pour son quotidien ?

– Son travail change de nature. Il ne consent plus à réaliser une activité répétitive et avilissante. Ce à quoi il prétend, c'est une activité qui, dans l'idéal, lui procurerait matière à asseoir et développer son individualité dans un contexte protecteur et rémunérateur. Il refuse d'être exploité et menacé. Son travail doit lui apporter un contexte positif en plus de la rétribution.

– Il n'y a qu'une partie de son temps qui est consacrée à son travail rémunéré. Qu'en est-il de ses loisirs ?

– Il doit trouver dans ces activités matière à s'accomplir dans son destin. Elles doivent être créatives et artistiques pour lui permettre de renouer avec la facilité de son enfance à rejoindre le monde des idées, à trouver l'inspiration. Mais c'est même dans toutes les phases de sa vie quotidienne que cette propension à rejouer l'inspiration divine doit être exploitée.

— Et même si il a de la suite dans ses idées, il fera de son activité principale une expression totale de sa créativité !

— En cela, l'artiste est l'homme le plus abouti dans sa quête de complémentarité.

— Oui, mais ce qualificatif englobe tous les actifs qui, dans leur activité, cherchent à recevoir comme un enfant, du monde divinisé des idées et des sensations, l'inspiration à créer de nouvelles formes et de nouveaux concepts. Qu'il soit musicien, écrivain ou chercheur fondamental, c'est dans la recherche de nouvelles combinaisons de concepts passés avant lui dans la conscience totale, que l'artiste propose au monde une avancée singulièrement systématique.

— Il y a donc nombre d'artistes cachés ?

— Tous les entendements qui accueillent pour un temps un extrait de la Conscience unique, propice à diriger les corps en liaison avec elle dans une optique de création, c'est-à-dire de développement de nouvelles formes d'idées susceptibles d'aider le genre humain à progresser dans le temps, est celui d'un artiste.

— Et chacun a vocation à l'être.

— Bien entendu.

— Et bien voilà qui devrait fournir aux hommes désoeuvrés les raisons d'agir et de créer en usant de leur individualité propre.

— Parce que chacun est unique et chacun doit apporter sa pierre à l'édifice commun au genre humain. C'est ce qui permettra à cette entité perdue dans le cosmos de progresser durablement dans le temps.

DE LA PHYSIQUE QUANTIQUE

Toute forme de connaissance traduit un automatisme propre à l'espèce. Tout intérêt pour le sujet de l'étude révèle l'insidieuse présence des deux états de l'entité. Le discours ne peut se raccrocher qu'à cette réalité intégrée comme telle dans chaque entendement humain : sur chaque entité vient se greffer l'origine de deux dynamiques, l'une centrifuge, l'autre centripète. Et ce qui est à l'origine des unités et des catégories trahit l'importance de la raison humaine dans sa propre condition. Tout ce qui nous entoure, de prêt ou de loin, est un jour ou l'autre sujet du discours. Et à ce titre, il est maculé des traces indélébiles laissées sur son sceau par la grille d'interprétation humaine.

Une forme épurée de ce système malhonnête apparaît néanmoins dans l'étude de l'infiniment petit.
Alors que rien ne vient brouiller la pureté objective des entités sujettes du discours, l'apparence de ces dernières se voile d'un tulle de doute quand à la nature réelle de ces objets. Ils apparaissent tour à tour, plus que cela, conjointement, sous une forme centripète : la particule, et sous une autre forme centrifuge : l'onde.

Il y a là matière à réaliser la nature perverse de notre mode principal de comparaison.
Triste réalité

    – Qu'il est édifiant parfois de voir un groupe se former autour d'un prétexte fallacieux ou d'une importance qui prête à sourire dans l'absolu.

    – Je vois de quoi tu parles.

    – Ces groupes éphémères émaillent l'activité humaine. Ils sont le reflet de la quête éperdue de la reconquête de l'unité qui nous domine. En effet, dans ces groupes les hommes trouvent une communion de sensations. Ils peuvent s'oublier en tant qu'individus et se laisser guider par un morceau de conscience supérieur au sien qui s'ébauche au dessus d'eux. Loin d'être la somme de toutes les consciences mises en jeu, celle-ci se révèle souvent être infirme pour les valeurs sociales présentes en chacune.

    – Ça laisse libre cours à de nombreux débordements.

    – Ces groupes sont souvent le résultat d'un sursaut de sentimentalité, comme si l'excès de ressenti troublait les entendements. Ils en deviennent incontrôlables, du moins par la raison. Seuls les instincts primaires survivent.

    – Sont-ils eux aussi inspirés par la Complémentarité ?

    – Il leur manque justement un élément fondateur de la Complémentarité : l'ajustement efficace. Alors que pour fonder ceux-ci, les hommes s'agglutinent sans chercher à s'organiser ni à s'ajuster, la Complémentarité, au contraire, requiert des hommes qui s'y adonnent une complète adhésion à son projet et un échange profitable des compétences mises en jeu.

– Faut-il obligatoirement être conscient de ce à quoi l'on participe ?

– Il faut agir en connaissance de cause. Il faut accepter d'intégrer un espace avantageux où l'on peut exprimer sa personnalité et agir en accord avec elle, tout ça dans un décor serein mais provocateur.

– Provocateur de quoi ?

– Je veux dire que si cet environnement semble apaisant, il excite néanmoins la couche la plus créative de la conscience. Ça n'est pas une sérénité qui produit un engourdissement des sens mais qui les met en éveil.

– On est donc conscient de la réalité.

– Au contraire des groupes fortuits qui s'agglutinent derrière un bonheur éphémère, la Complémentarité demande un contrôle efficace par la conscience des effets de celle-ci. Ce qui permet de développer son individualité au sein d'un groupe solidaire.

– Ce qui permet aussi d'être heureux sur la durée.

– C'est ça. C'est la vie rêvée du XXIème siècle.

RECONSTITUTION PROBABLE

Plus que des frères, nous partageons avec les autres êtres conscients sur terre l'origine universelle de cette entité supérieure, une catégorie évidente, la conscience de l'être. Comme les morceaux épars d'une sphère brisée, nous tendons tous à retrouver un peu de cette unicité. Ainsi les associations d'individus nous offrent un aperçu de cette jouissance étendue, la Complémentarité.

Et cela commence par le rapprochement effectif des corps dans l'acte amoureux. Deux êtres qui ne font qu'un et l'orgasme qui libère cette énergie revitalisante est tout à notre intérêt. Les rassemblements humains ajoutent à cette offre de bonheur un sentiment diffus d'appartenir à un groupe où l'on perd de son individualité et où l'on reconquiert de l'unicité dans une catégorie supérieure. Aussi les associations d'idées ou de caractéristiques nous mènent à un bonheur du même ordre. Seul change l'intensité ou l'enjeu.

Ainsi, plus qu'une ultime idéologie, une nouvelle esthétique de pensée se dessine. Après avoir abandonné les illusions plus ou moins consenties, on choisira consciemment d'engager nos énergies dans la construction d'une nouvelle religion. Celle-ci s'attachera à générer un bonheur partagé dans le développement de multiples individualités dans un groupe solidaire et soudé. La Complémentarité ainsi générée contribuera à fournir aux extraits de cette conscience totale l'idée palpable de cette origine partagée.

Car l'homme conscient n'est qu'un éclat de cette conscience totale. Et il tend à la reconstituer.

– Mais comment conçois-tu qu'un individu puisse développer son individualité, ce qui a tendance à l'isoler dans le tumulte des personnalités agissantes, tout en s'incorporant à un processus basé sur la Complémentarité ?

– Ça n'est pas antinomique. Cet homme acquiert des caractéristiques propres qui lui confèrent une personnalité originale. Cette personnalité, une fois sa place idéale trouvée, s'insert en totale complémentarité avec son entourage. Il ne s'agit pas de vouloir égaliser un peuple. L'égalité d'ailleurs est un concept à proscrire. Il s'agit d'agencer les personnalités à la manière d'un puzzle pour approcher l'image reconstituée d'un entendement unique constitué d'éléments foncièrement différents. Dès lors tous connaissent une importance qui se vaut car ils soutiennent de la même manière la structure construite sur le concept de Complémentarité. Il n'y a plus de hiérarchie, seuls des individus tous différents, tous inégaux, qui travaillent de concert pour développer et conforter l'être de leur groupe.

– Donc les individus tous différents et inégaux sont les morceaux du puzzle qui représente la structure complexe du groupe.

– C'est ça. Ils doivent s'agencer de manière à former une structure cohérente et solide. Mais dans ce cas, chaque morceau a son utilité. Il n'y a pas d'individu inutile ou en surplus. Les hommes s'organisent un temps, s'assemblent pour pratiquer ensemble une esthétique de vie, une morale. Puis parvenus au terme de leur fonction utile, ils choisissent consciemment de se retirer.

87

– Pour réapparaître à la prochaine génération…

– Du moins pour que l'extrait de conscience qui les a animés rejoigne le monde des idées avant de rejoindre pour un temps encore un nouvel entendement tout neuf et encore naïf, détroussé des souvenirs et des sensations laissés en partage un peu avant. Le cycle se répète indéfiniment.

– Ainsi va le cycle des incarnations !

– Mais il est clair que l'extrait de conscience nouvellement arraché de la totalité est très rarement similaire à celui qui l'a rejoint auparavant. Avant cela il y a eu un mixage prodigieux !

– Tu veux dire qu'un enfant ne reçoit que très rarement une partie conséquente de la conscience d'un défunt, suffisante du moins pour qu'on le reconnaisse ?

– C'est très rare en effet, car avant cela la conscience qui animait l'entendement du défunt s'est fondue dans la totalité.

– Il peut y avoir des grumeaux…

LE DOUTE RÉVÉLATEUR

– J'ai du mal à croire à tout ça. Je suis convaincu au contraire que tout ce ramassis d'hypothèse n'est que le fruit d'un travail trop libéré de ton entendement sur les quelques mots qui te sont venu à l'esprit et que tu prends pour les mots d'un ange.

– Tu ne me crois pas ?

– Je crois que ton délire est légitime comme le sont tous les délires des prophètes. Ton raisonnement tire partie des meilleurs raisonnements de l'humanité. Alors, pourquoi pas ? Ta réflexion tient la route. Et elle a le mérite de produire un élan positif au bonheur des hommes et à la planète. Elle devrait permettre à ceux-ci de vivre plus heureux et de mourir aussi avec plaisir. Alors je suis prêt à accepter cette ultime illusion que tu nommes Complémentarité.

— Mais est-ce que le fait de la considérer comme telle ne lui enlève pas de sa force de persuasion ?

— Je pense que dorénavant l'humanité est suffisamment mûre pour accepter son inaptitude intrinsèque à saisir d'une seule idée l'Être. Elle peut accepter de vivre dans un flou sémantique et choisir en toute conscience de s'en référer à la plus moderne des éthiques de vie.

— La Complémentarité ?

— Puisque celle-ci n'a que des avantages, à la fois sur le bonheur des individus et sur le bien-être de la planète toute entière, il ne devrait pas y avoir de problèmes à convaincre les plus réticents.

— Détrompe-toi ! Ce que tu leur proposes ici est censé remplacer leurs croyances que tout leur corps a déjà validé. Une religion est bien plus qu'un enseignement. Elle réclame une adhésion totale. Et il est difficile de renier ce que toute sa vie on a accepté d'un seul tenant, sans chercher à lui opposer quelques doutes.

— Pourtant il serait tellement bénéfique à l'humanité aujourd'hui connectée de recouvrer le sens premier de la religion.

– Celui de relier les hommes dans un même élan pour profiter des avantages de la vie en communauté pour évoluer vers un bonheur partagé ?

– C'est ça, une seule religion pour la communauté humaine, une seule dynamique évolutive, un seul élan vers le haut. Mais le bonheur dont tu parles va de pair avec un malheur du même ordre. Ce n'est pas le bonheur qui doit nous diriger mais le relief accentué des émotions et des sentiments, pour que la vie gagne en intensité.

– À t'entendre, on pourrait croire que tu regrettes les guerres passées, quand le courage et l'héroïsme pouvaient transformer la vie d'un individu en véritable aventure !

– N'oublie pas que nous avons tous en nous une part de notre être qui a vécu déjà tout ça. Il est clair que nous en avons déjà profité. Et la vie était d'autant plus intéressante. Notre ultime dessein était la réalisation d'un idéal et non la décrépitude annoncée. En ayant la connaissance de la réalité du voyage parcellaire de la conscience au travers des générations, nous devrions être plus prompt à prendre le risque de mourir sans aucune crainte ni tristesse. La réalité est telle que d'autres entendements plus jeunes prendront la suite de notre corps voué à disparaître pour abriter la Conscience dispersée. Il ne se passe décidément rien de grave sur notre planète. Et même la mort est une chance de rejouer à l'existence. Tout va bien !

– Tu souhaites inscrire l'individu dans une temporalité au delà de sa génération ?

– Mais c'est le cas, non ?

– Ok, on a tous en nous une part de cette humanité qui nous domine, mais au cours de notre développement, nous forgeons aussi un ego qui ne nous quittera plus jusqu'à notre mort. C'est cet ego qui est à l'origine de ce besoin impérieux qu'on ressent de s'individualiser. Il est aussi la cause malheureuse de notre oubli de la véritable nature de notre être et de notre relation intime aux autres êtres conscients.

– Si cet ego nous accompagne tout au long de cette vie, la réalité de notre être ne s'évanouit pas. Et la religion doit nous rappeler que nous sommes tous semblables et complémentaires parce que nous hébergeons tous un fragment d'une seule conscience. Mais à l'heure d'Internet qui tisse un lien entre tous, la religion doit redevenir unique pour relier les convictions profondes de tous les êtres conscients sur Terre.

– Ça ne va pas être facile. Il y a encore trop de différences entre les croyances. Et certains hommes y sont trop attachés.

– Je pense sincèrement que les choses sont en train de changer avec une célérité exponentielle. Avec Internet, les hommes oublient leur tradition et s'immergent dans une conscience globale reconstituée.

– Je suis prêt à te croire.

RÉACTION SALUTAIRE

Évidemment que le réchauffement climatique global observé sur notre planète a une cause extérieure à celle-ci, le soleil.

91

Évidemment que nous n'y pouvons définitivement rien. Mais à l'aube d'une nouvelle ère où le rationalisme a pris pour une grande part la place des superstitions, il nous est impossible de reconnaître notre incapacité à contrôler notre destin. Autrefois il aurait été facile de s'en remettre au bon vouloir d'un ou plusieurs êtres anthropomorphes géants. Il aurait été salutaire à notre réactivité de le prier dans le meilleur des cas ou de lui offrir en sacrifice hommes ou bétail. Car il est de notre constitution, comme de celle de tout être vivant, de réagir aux multiples stimuli à la mesure de leur incidence sur nous. Alors, à défaut de croyance dans un destin rationnel lui aussi, à défaut de la connaissance étendue des causes à effets au niveau intersidéral, nous avons choisit de réagir en nous agitant pour contrer l'incontrôlable.

Deux souris enfermées dans une cage dont le sol est électrifié finissent par s'entretuer. Et alors même que la guerre ne permet plus d'expulser le trop plein d'énergie que ce stimulus divin développe en nous, il a bien fallu trouver autre chose. Cette autre chose, c'est le mythe du réchauffement climatique causé par notre petite voiture pour notre trajet quotidien. À bien y regarder, cela est vraiment risible quand on compare cela au torrent prodigieux de gaz carbonique rejeté dans l'atmosphère par le plus petit des volcans. Mais pire que ça, il est tellement évident que c'est le réchauffement de la planète qui provoque l'augmentation du taux de CO_2 et pas l'inverse.

Mais voilà, il faut bien réagir de quelque sorte que ce soit. Mais n'oublions pas qu'une fois qu'une des deux souris est morte, la souris restante se recroqueville sur elle-même et attends, inerte et indolente, la fin du stimulus désagréable ou la mort.

Alors, agitons-nous encore et encore face à l'immensité inconnue dans lequel nous ne sommes raisonnablement pas grand-chose. Mais certainement pas au détriment du bonheur immédiat qui demeure la seule justification de notre existence ici-bas.

— J'ai compris beaucoup de choses. J'ai évolué depuis la dernière fois. J'ai acquis un sens de l'éphémère.

— Que veux-tu dire ?

— Paradoxalement, l'immuabilité et l'unicité du voile vaporeux de la conscience m'ont révélé l'impermanence de tout ce qui est.

— Tout se modifie dans le temps. Les êtres naissent, vivent et meurent. Même les objets déclinent après avoir brillé de leur utilité.

— Et il faut commencer par l'accepter, accepter que tout finisse par disparaître un jour. On vit au milieu d'un univers en devenir, qui se transforme et évolue. Il ne faut surtout pas chercher à arrêter cette fuite du temps. Ce serait l'occasion d'une grande déception. Seul le monde des idées est immuable.

— Pourtant, en occident surtout, naissent nombre de musées où s'entassent des œuvres que l'on ne cesse de restaurer. C'est peine perdue, n'est-ce pas ?

– La seule issue vers la perpétuité est le transfert vers le monde des idées.

– Que veux-tu dire ?

– Les sensations accumulées dans le monde des idées, la Conscience unique, ne sont pas voués à disparaître. Mais leur traitement se fait en dehors de toute volonté humaine. Mais il y a un autre moyen qui semble laisser entrebâiller les portes de la postérité. Il s'agit de la numérisation qui, à défaut d'une sauvegarde exhaustive du sujet, peut se prévaloir d'extraire de la décrépitude une grande partie des éléments visibles de l'objet. Mais cela n'est pour le moment vrai que pour les images et les sons, deux sens privilégiés.

– Un tableau numérisé est sauvé des affres du pourrissement.

– À priori, oui.

– Et les musées, que deviennent-ils ?

– C'est fondamentalement préjudiciable pour le devenir de l'humanité, au même titre d'ailleurs que ce malfaisant "devoir de mémoire" qu'on souhaiterait âprement remplacé par un "droit à l'oubli", de conserver dans l'atmosphère contrôlée des musées des parangons supposés de la beauté plastique, mais pourrissables. Imaginons la liberté d'entreprendre que nous recouvrerions si tous ces exemples mains fois rénovés ne castraient pas notre volonté de les réessayer !

– Au contraire ! Je pense qu'ils sont pour nous, au delà de simples modèles à suivre, ils sont les garants d'une source inépuisable d'inspiration et d'orientation artistique. De l'ancien naissent le nouveau et le moderne.

– Sauf si pour l'inspiration on se réfère exclusivement à l'histoire emmagasiné des sensations et des idées dans ce monde béni des dieux que les muses nous livrent avec parcimonie.

– Si je te comprends bien, tu veux que les œuvres soient détruites, ou plutôt soient laissées à l'abandon de leur condition périssable d'œuvres matérielles, et que la créativité des nouveaux artistes ne soit excitée que par la mémoire numérique ?

– L'espace numérique virtuel est en effet un ersatz du monde parfait des idées et des sensations, édifié et contrôlé par l'être humain sur Terre. Il corrobore l'idée d'une matérialisation des attributs oniriques de l'humanité. La conscience totale réapparaît au travers du développement exponentiel des réseaux d'information. Et la mémoire entière et parfaite de l'humanité, nourrie des consciences en transit qui libèrent alors toute la somme des sensations intimes et des idées novatrices emmagasinées lors d'une seule vie sur Terre, est matérialisée grossièrement dans les octets de mémoire disponibles.

– Tout porte à croire que les hommes sont en train de reconstituer leur essence propre, de fabriquer une image de leur vérité, de leur dieu !

– L'humanité poursuit une œuvre qui lui est chère : réussir à bâtir sur Terre une représentation valide du système prodigieux qui l'a engendré.

– C'est comme si cette image était imprimée dans un inconscient collectif et que tous devaient impérativement participer à la modélisation de cette image en agissant en complémentarité.

– Ainsi, tout s'explique ! Le rôle de chacun apparaît. Et le sens de la vie est là. Nous tous, pauvres fourmis égarées dans un monde que nous ne comprenons pas, devons agir de concert pour édifier sur Terre la représentation naïve du système prodigieux auquel nous appartenons. C'est là notre but commun.

– On commence désormais à entrevoir les formes générales de ce gigantesque mécano. On se met à espérer dans l'imminente prise de conscience de l'humanité reliée par l'aboutissement des progrès de la communication, Internet. Mais peut-être est-ce déjà le cas. L'humanité a déjà pris conscience. Et l'ultime création humaine prend forme. Avec l'ajout de la mémoire numérique, qui caricature un monde des idées accessibles seulement par les plus doués, la copie est presque parfaite. Du moins, cela reste une copie.

– Tel un enfant qui caricature ses parents, l'humanité nubile, en visant un développement exponentiel du numérique, pastiche son dieu.

DYNAMIQUE DE L'ENNUI

Je crois que cette fois-ci il faut vraiment que je me mette d'accord avec moi-même. Il faut que je puisse expliciter simplement ce que je crois savoir. Quelque chose de l'ordre du délire infantile impérieux d'une certaine gloire sur terre. N'importe quoi ! Pourquoi pas un messie pendant qu'on y est. Il faut arrêter avec ce genre de délire. Il y a sincèrement peu de chance pour que toute cette réalité ne soit autre chose qu'un fantastique concours de circonstance. On y revient.

Mais dans ce cas probable, comment organiser ses instincts pour accomplir ce que tout ce qui nous a précédé nous intime l'ordre de faire ? Pour quelles raisons poursuivre cet étalage de douleurs affectées par la somme des actes proprement humains ?

J'ai peur de finalement céder à la facilité en m'avouant vaincu et en me rangeant sous la coupe de la volonté de la tribu. Je hais cette tribu qui m'obsède, qui me laisse dubitatif en face des options apparemment louées gratuitement par mon ange.

Je doute de tout.

Je doute de moi.

Comment cela va-t-il se terminer ?

— Une fois saisie la nécessité obséquieuse du développement technique qui accompagne nécessairement l'imitation des mécanismes divins, il devient une exigence pour l'homme d'entretenir, voire d'amplifier, cet élan qui l'habite, lui et ses semblables.

— Tu veux dire qu'on a trouvé le sens de la vie ?

— Peut-être, en effet…

— Alors si les hommes parviennent à reconstituer la Conscience globale sur Terre, en reliant chaque être humain entre eux, en reliant leurs idées, leurs sensations, ils vont pouvoir y recréer le paradis imaginaire ?

– Si les hommes parviennent à agir en complémentarité, plus que cela même, à vivre en complémentarité, le produit de leur travail permettra la réalisation de leur souhait le plus intime, l'association de tous leurs entendements en vue de l'émergence d'une conscience unique sur Terre.

– Et ça aura pour conséquence de les rendre heureux ?

– Du moins ça annulera le désespoir latent consécutif à l'accroissement démesuré de la population. Les êtres humains, tous associés dans leur intimité, pourront définir leur route vers la constitution d'une unité fraternelle susceptible de laisser se développer les individualités.

– Mais comme d'habitude, il y aura autant d'occurrences de bonheur que de malheur, aussi bien au niveau de la communauté humaine que de chaque individu ?

– C'est évidemment souhaitable. Il faut l'accepter et en user pour développer l'intérêt du grand jeu de la vie.

– Tu penses que l'humanité n'en est qu'à son enfance, quand elle joue encore à imiter son géniteur ?

– Elle imite ce qui est inscrit au plus profond de sa conscience, une sorte de plan technique du fonctionnement intime de l'Être.

– Et il ne faut pas chercher à en perturber le travail. Au contraire, de tout son être, de tout son corps, il faut chercher à en faciliter l'expression.

– C'est ça. Les hommes qui ont réussi à trouver leur place dans la société, qui peuvent l'occuper en complémentarité avec tous les autres, et qui participent ainsi au premier projet commun de celle-ci, à savoir relier les hommes entre eux et pérenniser leur mémoire commune, sont les plus susceptibles de connaître un bonheur tangible.

— Celui-ci devra être obligatoirement accompagné d'un malheur du même ordre.

— Ce bonheur sera plutôt de l'ordre de la sérénité, du bien-être. Mais je conçois qu'il puisse être entrecoupé de moments de mal-être consécutif à d'autres formes de soucis ou de peine. En tout état de cause, ce sera un état agréable à vivre.

— N'y a-t-il pas, dans la Complémentarité aujourd'hui, un mécanisme similaire à celui qui a cours depuis longtemps dans la solidarité ou la fraternité ?

— La solidarité suppose l'existence d'un système de castes qui régit les rapports entre ceux qui aident et ceux qui sont aidés. Et même si les rapports peuvent s'inverser, cela a peu de rapport avec une complémentarité qui présuppose un égal traitement des conditions. De plus on est complémentaire dans un but. Alors qu'on peut être solidaire dans un état.

— Tu veux dire que la solidarité implique une entraide basée sur des besoins, alors que la Complémentarité est basée sur un dessein commun, un objectif qui en définit l'élan, la dynamique générale ?

— C'est bien ça. Alors que la fraternité donne l'image d'être une ébauche de Complémentarité.

– Comment ça ?

– Et bien, la fraternité contient en elle les prémisses de tous les éléments consécutifs de la Complémentarité. Car les frères savent se construire l'un par rapport à l'autre dans un souci de profit équitable en vue de se conforter dans leur être tous les deux.

– Ils poursuivent un but commun.

– Oui, durant leur vie commune, ils s'adonnent à des activités, en couple, en agissant ensemble à une place qu'ils ont déterminée au fur et à mesure de leur activité. Cela n'exclut pas les tensions, mais s'ils parviennent à les apaiser, c'est pour leur objectif, la plus grande des forces. Ils peuvent entretenir ainsi une divergence d'opinion propice au développement d'idées novatrices.

– Il y a donc dans les rapports fraternels une considération de l'autre particulière que tu voudrais reconnaître dans la cohabitation des individus au sein d'une société basée sur la complémentarité de ses membres ?

– C'est ça. Chacun à sa place développe ses aptitudes et son individualité pour la poursuite d'un même objectif, en s'appuyant sur le travail des autres et en partageant le meilleur de soi au travers du travail fourni.

– Comme des frères.

– Avec en plus la définition au préalable de la finalité commune à tout ça, comme une quête mythique du paradis sur Terre !

– Ce qui sous-entend que des dissensions peuvent survenir. La vie des fratries n'est jamais purement atone. Les conflits apparaissent régulièrement, mais sont aussi brusquement réglés, car au delà des rivalités et autres différends, la même origine rassemble.

    – Comme des frères, les hommes sur Terre partagent une origine commune.

    – Et cette origine analogue est le moteur de leur coexistence, l'inspirateur du rapprochement irrémédiable qui anime leurs relations.

LE MONDE DES IDÉES

    – Écoute, je pense qu'il y a là quelque chose de foncièrement intéressant. La Complémentarité devrait remplacer toute autre tentative d'organisation de la société. C'est un procédé génial. Si chacun parvient à trouver la place qui lui est réservée, réservée puisque unique dans la course à la perfection, dés lors tous peuvent vivre heureux, c'est à dire serein, dans une société dont le principal dessein est finalement de singer l'absolu sur Terre.

    – Dommage que ça remette en cause pas mal de principes fondateurs de certaines communautés.

    – Tu penses aux religions, à certaines religions ?

    – Il est certain qu'il est difficile de demander aux plus emprunts de religiosité d'oublier les légendes inscrites dans les livres. Alors que toutes leurs vies sont posément développées sur l'interprétation hasardeuse de ces quelques lignes d'écriture venues du fond des temps.

– Pourtant il y a fort à parier que c'est la solution à tous nos problèmes. En effet, si tous reconnaissent la validité de ce système, ils redécouvrent ainsi la force d'une source d'inspiration commune et peuvent avancer vers l'avenir sans brides castratrices.

– Que veux-tu dire ?

– Et bien, de multiples religions qui les opposent en élevant leur validité au-dessus des autres, l'humanité pourraient accepter de reconnaître un seul concept qui les relierait dans un même élan progressiste. Ainsi, il pourrait se concentrer clairement sur son ultime destin : l'instauration du paradis sur Terre !

– Alors, tu as désormais tout le nécessaire pour vivre heureux sur Terre, un dessein ultime clair et valide, les moyens d'y parvenir et un contexte métaphysique qui t'y autorise.

– J'ai surtout l'instinct privilégié de tous les aventuriers. Ma conscience a du en accompagner nombre d'entre eux dans les générations précédentes. Je suis prêt à dédier cette vie-là à l'accomplissement de cette idée.

– L'ange a bien fait de s'adresser à toi.

– Il l'a fait en toute connaissance de cause. Il lui fallait cette fois-ci un prophète emblématique d'une fabuleuse aura, Il lui fallait un homme qui n'a rien à perdre dans cette vie-ci, en désaccord totale avec cette société futile de consommation, qui n'engendre que des êtres serviles qui oublient de penser.

– Mais toi, tu es né dans cette société ?

– Oui mais je viens d'une autre planète, n'oublie pas. Comme le petit prince, j'ai atterri un matin près d'un peuple qui a cessé de penser.

– Tu es dur là. Les hommes que tu côtoies ne sont que les réminiscences démultipliées des individus courageux qui ont déjà vécu dans le passé. Eux aussi souffrent de cet état de fait. Mais tu les méprises !

– Ce n'est vraiment pas mon intention. Au contraire, je souhaite les rassembler enfin autour d'un même projet fabuleux. Mais il faut se hâter avant que l'explosion démographique n'implique d'autres désagréments.

– Lesquels par exemple ?

– À force de diluer en l'homme la part de conscience totale qui l'habite, celui-ci en vient à oublier d'où il vient. Il conserve sa naïveté enfantine jusqu'à sa mort. Et son parcours vital en est pour le moins inutile.

– L'humanité régresse ?

– À mesure que son volume progresse, l'intérêt pour le projet universel de la plupart s'amenuise. Seuls des exceptions parviennent à endiguer ce déclin annoncé. Et c'est une chance !

– De tout temps, ce sont des hommes ordinaires par la réalité de leur être, mais extraordinaire par la réalité de leurs actes, qui ont mené la communauté des hommes vers son destin !

– Mais jusqu'à maintenant, il n'était pas question de réaliser sur Terre une copie conforme de la réalité du monde parfait des idées. L'humanité gamine s'entêtait à projeter ses envies sur un espace détaché de la biosphère. En s'inventant un paradis post-mortem, l'homme s'est désengagé de la responsabilité obséquieuse qui lui incombe.

– Laquelle ?

– La responsabilité de son environnement immédiat. Mais cela fait partie du jeu. Il ne faut pas commencer par en connaître la fin. Je suppose que ce n'est que maintenant, une fois le processus largement enclenché, que l'on peut dévoiler enfin la finalité propre à tout ça.

– Depuis que les hommes sont presque tous reliés entre eux par Internet, il est dorénavant clair que ce processus, qui dévoile à présent toute son ampleur, est le fruit d'une volonté partagée par tout individu conscient de recouvrer une certaine unité.

– Et cette unité est l'image récurrente d'une réalité presque évidente, le sujet de la révélation.

– La conscience est unique, simplement unique !

– Il y a déjà longtemps qu'on aurait pu le découvrir, si l'on n'avait pas été autant aveuglé par ces illusions héritées d'un autre temps.

– Les religions ?

– Oui, c'est clair qu'il a fallu que je m'en détache largement pour qu'un ange ose s'approcher de moi.

– Mais tu ne peux pas être le seul dans ce cas ?

– Il y a tout à parier qu'en d'autres lieux, oui, une révélation similaire ait pu être offerte à un individu suffisamment curieux et aventurier pour accepter la présence inopportune d'un voile vaporeux qui s'exprime.

– Peut-être encore que la rencontre a eu lieu, mais que le prophète en devenir n'a pas saisi toute les implications d'une tournure syntaxique aussi simple. Car il faut dès lors y accoler un travail de maïeutique important avant d'y déceler la source même d'une nouvelle mentalité.

– C'est carrément une condition.

La société de consommation vit ses derniers jours. Le commerce tel qu'il s'est développé jusqu'à maintenant se retrouve confronté à son insolente fatuité. L'idée même d'inscrire les fondements de son existence sur terre dans une quête éperdue de puissance par le seul médium exalté comme universel, l'argent, encage l'être des surhommes soucieux d'absolu. Et même, il suffit de regarder le fossé qui se creuse entre ce que nous propose le mondialisme pour vivre heureux et la réalité matérielle d'une telle quête. Ce n'est évidemment pas dans l'accumulation de biens manufacturés que réside les clefs du bonheur. Bien au contraire…

Alors que faire de ce trop plein de matérialité, que faire de tous ces objets que le commerce insidieux nous propose en nous enseignant l'art de le désirer jusqu'au malaise ? Parce que tel est le cas. La publicité modèle notre appétence de l'inutile. Nous sommes ainsi contraints de consommer, non par envie ou besoin, mais par dépit. Ces objets qui martyrisent notre aspiration la plus intime à la complémentarité, et donc à la fraternité, ne peuvent continuer ainsi à occuper nos fonctions primitives.

Et si finalement, par une révélation universelle et programmée, tout un chacun prenait conscience de la réalité tragique des choses. Le nouvel homme, ainsi débarrassé des odieuses occupations d'une vie de consommateur né, s'élance vers sa nouvelle vie. Une vie heureuse qui s'appui sur une vie matérielle toute juste suffisante, et qui s'intéresse enfin aux fondements même de la complémentarité.

Il n'y a plus d'utilité même à la production. Pourquoi produire ? Ou alors juste le stricte nécessaire. Et les entreprises humaines deviennent enfin officiellement ce qu'elles ont toujours été malgré les légendes urbaines les mieux ancrés dans nos soucis consuméristes.

Une entreprise a pour premier dessein de fournir un emploi à ses salariés. C'est-à-dire de lui offrir une occupation et un salaire. Plus l'occupation est agréable pour un salaire élevé, mieux cotée est cette entreprise. Afin de pouvoir pérenniser sa démarche, il est utile de pouvoir vendre cette occupation, ou les objets qui en sont les fruits, pour réinjecter cet argent dans la balance des salaires.

Aussi, il est évident qu'une entreprise intéresse les membres de la communauté dont elle est issue. Et pour une fois s'étale devant nos yeux l'absurdité non équivoque d'une délocalisation. Comment ne pas y avoir pensé plus tôt ?

Le bonheur naît de la reconnaissance effective de la complémentarité dans tous les rouages des activités humaines.

– Que devient tout l'intérêt du jeu si les hommes vivent en parfaite harmonie et dans la plus profonde sérénité ? Ne s'approchent-ils pas de l'indolence, auquel cas toute existence deviendrait inutile puisque imperméable à toute sensation ?

– D'où l'importance de conserver des antagonismes initiateurs de nouvelles formes de sensations.

– La Complémentarité, tout comme la fraternité par ailleurs, permet à des rivalités et des oppositions de prendre racine dans les rapports humains. Et c'est un bien, car cela active des états de pensée propices à la création. L'apathie des sens restreint ces instants d'inspiration divine.

– Alors, si je comprends bien, il faut chercher l'affrontement et la lutte pour l'accomplissement dans son être, au risque de voir sa créativité s'empêtrer dans de futiles répétitions.

– C'est tout à fait ça. Pour motiver son inventivité, il faut avoir des raisons de le faire. Et quelle meilleure raison que celle de s'opposer à celui qui brigue un statut social que l'accomplissement de votre personnalité vous a permis d'atteindre ?

– N'y a-t-il pas d'autres moyens d'exciter sa propre créativité ?

– Les dissensions et les rapprochements, par leurs dynamiques antagonistes, incitent au mouvement et donc aux fondements de la création. C'est dans les rixes sensitives que naissent les intentions utiles à agir pour mettre en forme ce que nous inspirent les muses. L'amour ou la haine sont les vecteurs de focalisation sensitive susceptibles de provoquer une recrudescence d'intentions d'ériger une œuvre.

– Je ne comprends pas.

– Si c'est l'amour qui l'inspire, l'artiste va trouver dans l'être aimé les raisons nécessaires de créer.

– Et si c'est la haine qui l'inspire ?

– Ce sera exactement le même processus. Tous deux excitent les mêmes mécanismes. Ils font tous deux références au fort intérêt pour l'autre. Il est probable que cet intérêt particulier trouve sa cause dans une ancienne fusion dans un même entendement des deux extraits de la Conscience mis en jeu.

– Tu veux dire que les deux individus n'en formaient qu'un dans une vie antérieure ?

– Du moins que leur conscience ait pu cohabiter dans un même entendement, c'est une vision plutôt romantique, tu ne trouves pas ?

– Mais est-ce que c'est vraiment la réalité ?

– Je trouve qu'une telle hypothèse expliquerait pas mal de faits remarquables qui ont tendance à être classés dans des catégories qui en trahissent l'incapacité notoire de les caractériser autrement. Comment chercher à comprendre des phénomènes surnaturels ou paranormaux sans recourir à un lien indéfectible entre les entendements qui y assistent ?

– Une sorte d'hypnose collective ?

– Plus que cela, je pense que la réalité physique n'est qu'une des faces de la réalité. Il y a autre chose. Et cette chose magique est certainement liée à cette conscience qui anime une grande partie d'entre nous. L'unicité de cette Conscience dont les morceaux épars habitent nos entendements est la plus belle hypothèse. C'est aussi la plus simple, la plus évidente. Avec elle, plus besoin de catégories poubelles où l'on range tout ce qu'on ne comprend pas. Parce que si c'est la réalité, alors tout s'explique. N'est-ce pas ainsi que l'on doit valider une hypothèse ?

– Ce n'est donc pas à proprement parler de l'hypnose collective, mais plutôt quelque chose comme un état modifié de cet extrait de conscience qui nous anime tous, en parfaite symbiose avec l'ensemble de ces extraits.

– Alors, il te semble évident à toi aussi qu'on est maintenant dans le vrai ?

– Si tu as raison, et tu viens de prouver que tu avais toutes les raisons de le croire, alors la dynamique qui sous-tend tous les rapports humains, le moteur de toute vie sur Terre, la réalité objective du rapprochement nécessaire qui doit mener à la complémentarité avec les autres, cet élan commun à tous est ce qu'on nomme l'amour.

– Tu viens de retrouver ce qui doit être le seul argument défendable au regard de la réalité de la société actuelle. Ce n'est pas l'argent dans un système purement économique, un système de valeur instaurée par d'anciens boutiquiers aveuglés par leur besoin de reconnaissance, mais le rapprochement des consciences sur le principe de la complémentarité, qui doit diriger les choix humains. Il est temps de retrouver la seule valeur qui peut se vanter d'être à l'origine de toute la vie sur Terre !

– Dans une société idéale, l'argent n'est que le moyen pragmatique de faciliter des échanges. Le véritable ciment entre les individus, c'est le rapprochement des entendements en vue de construire une structure solide dans laquelle chacun pourra trouver sa place et la défendre. Cet agencement de volonté trouve sa forme dans la Complémentarité. Elle seule doit diriger les élans qui nous animent.

– Mais pour assurer que cette société ne soit pas le berceau d'une indolence néfaste à toute ambition évolutionniste, il faut encourager les luttes internes, les tensions génératrices d'avancées remarquables ! Il faut à la fois un équilibre réconfortant et un déséquilibre excitant, c'est trop paradoxal, ça !

– Non, car ce qui nous rapproche un temps peut nous séparer en d'autres occasions. Il n'y a jamais loin de l'amour à la haine. Ce sont même les mêmes causes, l'intérêt pour un autre, qui produisent deux effets qui semblent s'opposer mais que nulle frontière ne sépare franchement.

– Tu veux dire que dans une société qui s'appuie globalement sur les principes de la complémentarité, des dissensions vont naître nécessairement de l'intérêt des individus pour leurs semblables ?

– C'est clair ! Il n'y a pas en tout cas à craindre qu'une telle communauté d'individus plonge dans les dédales sournois d'un immobilisme des passions. Il y a tout à penser au contraire qu'à force de travailler dans un environnement qui permette à chacun de développer son individualité propre dans un contexte fraternel, ces personnalités renforcées par un encouragement de tous les instants vont bien finir par s'entrechoquer.

– Est-ce qu'on ne retrouve pas alors une société qui ressemble franchement à la notre actuellement, des désaccords et autres divergences de vue qui débouchent sur une instabilité chronique, le tout dans une structure stable et solide ?

– La différence fondamentale est que dans notre société idéale, personne n'est tenu à l'écart de son fonctionnement intime. Tout le monde occupe une place qui lui convient et assure la sauvegarde de ses atouts.

– Mais avant que tous ne trouvent une place idéale, le flottement des ambitions ressemble carrément à ce qui se vit actuellement.

– Tu penserais donc qu'il n'y aurait finalement pas grand chose à changer, seulement une prise de conscience collective de la définition même de vie en société, cette vie si particulière qu'elle implique de ressentir le rapprochement singulier qui nous anime tous face au vide interplanétaire ?

– Il y a sans doute quelque chose de cela…

– Alors je pense sincèrement qu'il y a là une carte à jouer. Dans cette époque qui s'embourbe dans un devoir de mémoire qui nous rapproche sans cesse des tentatives avortées du passé, les idéaux sont regardés avec méfiance. On évite posément de construire son avenir sur des concepts extrêmes. Mais ce qu'on a là n'est pas un extrémisme subversif, bien au contraire ! Il redit, en le présentant sous un angle nouveau, le meilleur de ce qui s'est dit en d'autres temps, sous d'autres latitudes.

– Ce serait donc la religion idéale, un courant de pensée universel qui rassemble les êtres humains dans un même bloc uni face au vide de sens qui nous entoure d'un peu trop près.

– Un bloc uni mais pas uniforme, les individualités peuvent s'y opposer, se disputer et au final laisser émerger les lignes directives de la prochaine génération.

– Finalement cette tentative quelque peu désespérée de réaliser sur Terre une fidèle copie du fonctionnement intime et idéalisé de la cohérence des consciences humaines, est aussi la réconciliation effective de toutes les croyances.

– Rien que ça ?

– Et bien, si l'on considère qu'il n'y a rien de solide sur quoi baser objectivement une étude ordonnée de la réalité concrète de la condition humaine, alors il est tout à fait valide d'en ébaucher l'étude en se basant sur les effets notoires des inspirations divines.

– Tu veux dire celles qui ont inspiré les grandes religions ?

– Oui, et à chaque fois le message était semblable. Pour vivre heureux sur cette planète esseulée dans le cosmos, il faut se rapprocher de ses semblables.

– Jusqu'au jour où, libéré des astreintes castratrices de ces mêmes religions, il est enfin possible d'asseoir une réflexion juste et profitable pour tous à partir de ces indices ténus.

– C'est ce qui vient d'être fait !

ORTHOTHANASIE

– Ce système me plait globalement. Mais il y a un aspect qui bouscule mes plus intimes convictions.

– Lequel ?

– En ce qui concerne la mort, précisément la fin de vie qui se voit ici contrôlée, voire précipitée. Ce qu'on a nommé l'orthothanasie.

– Il est important tout d'abord de rappeler les mots mêmes de la révélation. La conscience est unique signifie avant tout qu'elle est immortelle, donc transmissible de génération en génération.

– Mais les individus s'attachent à des extraits de cette conscience. Et il est difficile, voir quasiment impossible, lors du décès d'un être aimé, de retrouver cette conscience qui nous fait maintenant défaut. C'est là l'origine de la profonde tristesse qui peut nous étreindre alors.

– Et tu penses que c'est une raison suffisante pour chercher à maintenir en vie, au delà du raisonnable, un système nerveux qui s'est largement détérioré ? À partir du moment où tu prends conscience de la nature immortelle de ce qui l'habite, tu as envie de le laisser s'échapper de cet emballage morbide pour aller rejoindre la totalité avant de se répartir à nouveau dans un ou plusieurs jeunes corps, et reconduire ainsi le cycle des vies humaines.

– Mais tu perds un certain agencement de matière que tu t'étais mis à aimer, avec un espoir vraiment ténu d'en apercevoir une nouvelle ébauche.

– Il y a aussi une possibilité que cet individu dont tu t'es attaché partage avec toi ce qui formait dans une précédente génération un seul et même extrait de conscience. Et c'était là la principale raison de votre ressenti mutuel. Il y a tout à parier que cette rencontre était loin d'être impromptue et qu'une semblable occurrence pourrait bien avoir lieu dans un avenir proche.

– Il n'y a donc rien à craindre de la mort, seulement et de la même manière qu'une séparation momentanée, la perte d'un atout dans son jeu ?

– C'est à peu près cela, oui. C'est pour ça qu'après avoir bien vécu, c'est-à-dire après avoir expérimenté tous les avantages que pouvait nous offrir ce corps qui dorénavant parvient à la fin de ses capacités de régénérescence, il est bénéfique à notre être propre, ainsi qu'à l'ensemble de l'humanité sur Terre, d'accepter de s'anéantir pour laisser sa mémoire sensorielle rejoindre la mémoire sensorielle de l'humanité. Cette mémoire accessible au plus chanceux d'entre nous en inspirera dès lors bien d'autres en d'autres temps.

– Et cet extrait de conscience, débarrassé de ses lourds atours mémoriels, pourra enfin retrouver une place dans cette mascarade obsédante qu'est la vie sur Terre, en rejoignant pour un temps un ou plusieurs entendements adolescents.

– L'orthothanasie devrait donc être l'ultime présent d'un vieillard apaisé, à l'humanité tout entière. En permettant à sa vie achevée d'aller enrichir les collections fabuleuses de la sensibilité humaine. Et en autorisant sa conscience à rejoindre l'unicité de ses origines avant son inévitable reconduction dans quelques jeunes entendements.

– De telles occurrences de vies passionnées jusqu'au bout devraient ravir chacun des aventuriers qui y prêteraient la leur pour un test grandeur nature. Je suis prêt à parier que dès lors que le plus grand nombre y auront offert leurs passions, il n'y aura pas loin du paradis sur Terre. Je peux rêver.

– Et je te suis avec grand plaisir sur ce chemin-là. Je me mets à rêver moi aussi à la probable édification sur notre planète d'un ersatz presque parfait de conscience unique grâce à Internet. Je me mets à imaginer la conservation éternelle des souvenirs de l'humanité grâce à la numérisation. Je me mets à envisager l'introduction au sein de la communauté humaine d'une cohérence bienvenue, d'une harmonie des entendements avisés et aiguisés qui s'ébattent de manière ludique en s'amusant comme des frères.

– Ces hommes seront des demi-dieux car reliés entre eux ils permettront à la Conscience totale d'émerger dans le monde du vivant.

– Si ça te fait plaisir de les appeler comme ça !

– Il faut surtout que les vieillards lâchent prise et acceptent d'offrir leur carrât aux jeunes pousses. Ainsi, l'humanité rajeunie retrouve le goût de l'aventure et des défis. Elle arrête de se vautrer dans la futile possession sans issue.

– Et le nombre de ces extraits de conscience, qui malheureusement se réduisent au fur et à mesure en taille, cesse d'augmenter exponentiellement pour garnir les nouveaux entendements après en avoir quitté les anciens.

– Mais dis-moi, si les individus se relient entre eux par des moyens technologiques, y a t'il toujours une utilité à tenter d'en réduire le nombre ?

– Il faut présenter les choses différemment. Quand l'homme reconnaît en lui une part éternelle rattachée à l'unicité que son écorce charnelle encage pour un temps, il lui est plus aisé d'accepter de la libérer en mourant pour permettre à celle-ci d'habiter d'autres états de la matière en d'autres temps.

– Tu sous-entends donc que c'est dans la continuité logique de l'humanité qu'une telle réalité lui soit portée à sa connaissance aujourd'hui, pour juguler l'explosion démographique ? C'est un peu prétentieux de ta part, tu ne trouves pas ?

– Tout cela est prétentieux s'il s'avère que c'est loin d'être la réalité. Mais notre raisonnement affiché tient lieu d'excuse valable. Ce serait bien dommage en tout cas de s'être trompé de la sorte…

– Maintenant, que vas-tu faire ?

– Il faut que je mette tout ça par écrit pour le partager. Ne penses-tu pas que ça en vaille la peine ?

– Si, bien sûr.

– Et ne crois-tu pas que cela va avoir une incidence sur l'état d'esprit des hommes conscients qui en auront eu vent ?

– Écoute, je te soutiens dans ta démarche. Il est certain que c'est à toi que cet ange s'est adressé. Mais aurait-il pu en être autrement ? Je crois que si tu l'as écouté ce matin, c'est que tu y étais préparé. Toutes les interminables secondes qui se sont étirées depuis ta première prise de conscience, et sans doute même bien avant ça, ont contribué à préparer le terrain. Ce matin, dans cette gare que tu connais si bien, une lueur aveuglante a ainsi pu éblouir ton entendement de pleutre et déclencher au plus profond de ton encéphale les réactions chimiques propices au rêve prémonitoire. Tu as été le spectateur de cette mise en scène onirique. Mais, au plus profond de toi, tu en as été tout autant l'auteur. Voilà bien une ultime raison d'espérer que cette fabuleuse Complémentarité inspire aujourd'hui tous les meneurs d'hommes ainsi que les princes. Comment pourrait-il en être autrement ? Tu es bien né ici, comme beaucoup d'autres que toi. Tu as reçu la même éducation qu'eux. Tu as été bercé dans les mêmes illusions officielles. Je ne peux pas concevoir que tu sois le seul qui en soit arrivé à cette révélation !

– Aucun homme n'est identique à un autre. Si son code génétique peut être similaire, son histoire lui reste intimement personnelle. Et cette histoire imprime ses particularités dans l'enchevêtrement de tensions électriques, de connexions mécaniques et de réactions chimiques qui, au sein de son cerveau, détermine la définition même d'un individu particulier. Je suis donc un homme singulier avec une histoire qui m'est propre. Et ma péripétie matinale est sans doute unique en son genre.

– Sans doute, mais je suppose qu'il y a d'autres moyens de parvenir à cette conclusion tellement simple et belle.

– Je crois que tout ceci a déjà été écrit dans bien des livres. Le seul intérêt cette fois-ci est son écho fantastique avec un aboutissement technologique qui met en lumière les intentions partagées mais dissimulées de l'ensemble de l'humanité. En permettant à tous les hommes de communiquer ensemble, Internet à révélé au monde la nature complémentaire des extraits de consciences que tous les hommes partagent.

– La volonté de se rassembler autour d'une seule volonté, une seule conscience, émerge au milieu du chaos géométrique. C'est génial !

– Et ce qu'il y a de plus génial, comme tu dis, c'est que nous sommes tous susceptibles d'être contacté par un ange, pour peu que nous puissions l'imaginer. Et la révélation qui m'a été faite est déjà enfouie au plus profond de notre cerveau, comme une étincelle qui attend son carburant pour bouleverser notre raisonnement quotidien. Dans mon cas, cela a alimenté agréablement notre conversation. Mais il suffit d'un entende-ment d'aventuriers, un entendement qui refuse tous les à priori et joue à jauger toutes les assertions qui déboulent de nulle part, pour voir cette simple formule s'enfler jusqu'à prendre des mensurations délirantes.

– C'est la révélation ultime !

– Celle que tous connaissent intimement.

– Alors, il faut réformer la société pour l'inclure dans ses fondations.

– Mais n'est-ce pas déjà le cas ? La société ne s'appuie-t-elle pas sur les effets plaisants d'un rapprochement inscrit dans la définition génétique des hommes ?

– Mais la Complémentarité est plus qu'un simple rapprochement. Elle implique une découverte personnelle d'une place adéquate au cœur de cette société, une place susceptible d'être défendue, revendiquée, affichée…

– Si cela peut permettre à tous les citoyens de s'individualiser dans un groupe solidaire !

– Et l'on peut imaginer tous ces individus qui partagent plus qu'une identité commune, les différents éclats d'une même sphère brisée, et qui cherchent à la reconstituer en partageant les effets de leur sensibilité avec le plus grand nombre, qui peuvent fournir les particularités de leur personnalité pour achever de construire leur avenir en s'associant de manière complémentaire. Il y a là matière à entrevoir un futur radieux pour cette biosphère perdue dans le cosmos.

– Sans oublier l'orthothanasie qui offre à ceux qui ont déjà tous offert de leur vivant, de contribuer à purifier en le rajeunissant la communauté humaine sur Terre.

– Voilà un bien bel avenir réservé aux mourants !

– Bien meilleur en effet que celui qui les contraindrait à user pour l'éternité d'un statut peu enviable qui ressemble pour ainsi dire à de l'indolence, illusoire, ordinaire et tout juste agréable.

À L'EXTRÉMITÉ D'UNE HISTOIRE PARTAGÉE SUR TOUTES LES GÉNÉRATIONS

– Tu sais ? Je ne veux pas d'une vie ordinaire cette fois-ci.

– Pourquoi tu dis ça ? Tu te souviens des générations précédentes ?

– Ce n'est pas cela, je voudrais tant réussir à intégrer la place qui me revient de droit. Je ressens comme un élan intérieur qui me tire vers le haut. Je ne peux pas me satisfaire de la vie qui m'a été préparée. Je ne peux pas me contenter de consommer. Quel mot infect !

– À toi de faire en sorte que ton existence reflète bien plus que l'éclat nauséeux d'une vie dénuée de sens. Tu as toutes les cartes en main. Tu as tout pour réussir ton improbable pari. Il ne tient qu'à toi d'exister au delà de ton existence.

– Mais les nombreux freins que m'opposent les petits lâches me fatiguent. Pourquoi devrais-je faire des efforts alors qu'eux décousent point après point toutes les étoffes flamboyantes qui me viennent au cœur.

– Parce que tel est ton destin !

– Tu plaisantes ?

– Oui, un peu. Je veux te dire que cette ferveur qui t'anime n'a rien de futile. C'est la marque des audacieux. Ton rôle est conditionné dans cette époque trouble. Tu dois te ressaisir !

– Je suppose que tu as raison. La Complémentarité est un bel emblème derrière lequel devraient se ranger les plus conscients d'entre nous. Ce serait la première réforme de la métaphysique, en accord avec les avancées technologiques. Il y certainement quelque chose à jouer, non ?

– Je préfère ça.

– Mais ce nouveau système de valeur n'a d'intérêt que s'il est partagé par le plus grand nombre. Et comment parvenir à convaincre les plus réticents, ceux qui sont encore tout embourbés dans une religiosité d'apparat ? Ceux-là feront certainement de la résistance.

– Mais n'est-on pas arrivé à la conclusion que tous les effets notoires de ce nouvel argument étaient un a priori à toutes les éthiques, y compris aux religions les plus controversées ?

– Ses effets, sans conteste, mais les principes transcendants auquel la Complémentarité se raccroche ne vont pas dans le sens des illusions officielles des religions millénaires. Il y a même un différentiel total pour certain. Ces illusions empiriques se sont développées sur l'expérience intime de la mémoire qui rappelle à nos sens l'expérience passée de l'autre. Le défunt peut ainsi prétendre à l'immortalité dans sa forme manifeste dans la mémoire des vivants.

– Mais d'autres religions sous d'autres latitudes ont entrevu une réalité toute différente, qui recouvre des conclusions sensiblement similaires à notre toute nouvelle grille d'interprétation.

– On a donc d'un côté des religions occidentales qui font la part belle au rapprochement inné entre les hommes et qui développe, pour ne pas décevoir ses adeptes, l'illusion du maintien éternel de la matière sous sa forme reconnue et aimée. Ainsi le mythe du paradis éternel où se retrouveraient les vivants, tels qu'ils sont, une fois morts. Et de l'autre côté certaines religions orientales qui assument l'inconstance du monde et qui ont envisagé l'éternel retour sous une forme parfaite.

– Et le propre de cette nouvelle grille d'interprétation du cosmos sur Terre qu'est la Complémentarité est de replacer ces deux visions de l'humanité en concordance. C'est génial !

– En reconnaissant la valeur fondatrice pour nos sociétés de l'altruisme, autant dire de l'amour, et en dévoilant la réalité évidente de la reconduction de la Conscience unique en chacun des entendements conscients de génération en génération, la Complémentarité affichée dans les rapports humains supprime l'incompatibilité des croyances. La religion peut retrouver son sens étymologique pour tous les individus reliés entre eux par les nouvelles technologies.

– Mais pour cela, il faudrait que ce nouveau panel d'illusion soit accepté par le plus grand nombre, non ?

– Il faut plutôt présenter les choses différemment. Afin d'ajuster les illusions qui émaillent notre existence sur Terre avec les découvertes les plus récentes de la science, il est temps d'éclairer notre vie avec un véritable générateur de bonheur partagé. Or, la Complémentarité décrit une possibilité d'un tel bonheur.

RECONDUIRE LE PARADIS SUR TERRE

– C'est donc en maîtrisant la dispersion des éclats de la Conscience unique que l'on parviendra à la sérénité. Cela devra se faire, d'une part en contenant l'expansion exponentielle de la population sur Terre, et d'autre part en regroupant les morceaux épars dans l'association des sensibilités

– Et pour parvenir à contenir cet accroissement démesuré, il faut inviter les vieillards à faire acte d'orthothanasie. Et ainsi accepter de relâcher ce fragment de la Conscience totale, qu'ils ont pu abriter un temps, afin que celui-ci puisse rejoindre l'unité avant une nouvelle répartition dans de tout jeunes entendements.

– Et pour parvenir au regroupement des sensibilités, pour que plusieurs entendements s'accordent sur les effets de leurs sens, il faut assurer le développement de la communication. Internet est évidemment l'étendard évident de cet élan majestueux qui nous pousse tous à relier nos sens.

– Ainsi les individus pourront se particulariser dans un groupe fraternel, l'humanité complémentaire.

– C'est parfait.

– Alors, pourquoi doutes-tu à ce moment précis de la réussite de ta toute nouvelle aventure ? Tu devrais avoir confiance en ton raisonnement. Il est valide et tu le sais. Pourquoi, alors que tout semble s'allier au plus profond de ton entendement pour que ce rêve devienne une réussite, tu te mets à trembler de peur ?

– Quelle sera la prochaine étape si tout cela devient effectif ?

– Que veux-tu dire ?

– Je pense que l'humanité avance posément vers quelque chose de révolutionnaire, quelque chose qui devrait remplacer cette société qui court à sa perte. Cette monétisation de tout est vouée à l'échec. Parce qu'il demeure en chacun un héritage commun qui n'a que faire de l'argent.

– Une société qui en est arrivé à monétiser les rapprochements entre individus s'éteindra d'elle-même.

– C'est là toute la force de la Complémentarité, élever ce lien qui nous entraîne tous à construire ensemble au faîte de notre intelligibilité, faire de l'action complémentaire le moteur d'une nouvelle société…

– Il faut donc repenser notre société en ces termes, détacher les effets des consciences en action d'une monétarisation. Redonner à l'argent sa définition, le moyen de partager des talents. Réaffirmer le rôle fondateur de la communauté du rapprochement vers l'autre. Construire son avenir sur les élans de la Complémentarité.

– Et permettre aux vieillards de libérer cet extrait de conscience qu'ils ont abrité un temps dans leur écorce charnelle. Écorce qui montre aujourd'hui des signes de déliquescence effective. Pour que cet éclat puisse rejoindre l'unité avant une probable reconduction dans de tout jeunes entendements.

– Si tous les individus parviennent à se particulariser au sein d'un écrin réconfortant, la société humaine, et qu'ils vivent pleinement pour nourrir le monde des idées de nouvelles occurrences de sensations, alors l'absolu divin du mécanisme impérieux pourra être reconduit sur Terre.

– Avec le développement d'Internet et des communications qui permet de relier les hommes dans l'intimité de leur cognition, avec les progrès de la numérisation qui mémorise au fur et à mesure les occurrences de nos sens, alors la Complémentarité devient possible en ces temps de sérénité.

– Tu trouves vraiment sereine l'époque à laquelle nous vivons ?

– Ce qui oppose les hommes violemment n'est que la résurgence du détournement insidieux de la définition du pouvoir financier, ainsi que les tentatives séculaires et naïves d'expliciter le cosmos par des moyens oniriques et malencontreusement inscrites dans le marbre.

– Mais ceux qui ont inspiré les écrivains ont été visités par des anges eux aussi.

– Ils l'ont été dans d'autres temps. Et les révélations qu'ils ont pu leur faire n'ont de sens que rattachés à une époque. En fait, il n'aurait jamais fallu qu'elles soient ainsi inscrites pour l'éternité. Il faut toujours attendre le retour de l'inspiration divine.

– Non, le véritable problème c'est d'avoir laisser se développer plusieurs interprétations du même message.

– Sans doute. Alors tu penses que tout est une histoire d'interprétation ?

– Il y a aussi l'avancée du travail humain qui permet d'autres mises en lumière de la réalité.

– Tu veux parler du numérique ?

– Ce qui est sûr c'est que sans les possibilités purifiées de traitement des données que ça nous propose aujourd'hui, on n'aurait jamais pu atteindre l'exposition d'un tel système : la Complémentarité. Tout va avec son temps…

– Il aura fallu qu'enfin il te visite aujourd'hui pour que d'un simple aphorisme dicté dans la pénombre assourdie, il te vienne naturellement le besoin d'exprimer posément les effets de ta longue réflexion.

– Tu m'as aidé aussi ?

– C'est bien ce que je dis.

– Mais au delà du simple exercice de déduction, nous avons épuré un système parfaitement viable, et qui plus est, un système en adéquation avec la somme des découvertes scientifiques les plus avancées, ainsi qu'avec les élans les plus intimes de l'être humain.

– C'est un peu prétentieux ça, non ?

– C'est vrai. Mais la Complémentarité pourrait devenir à bon escient quelque chose de l'ordre d'une morale réformée.

– Encore !

– J'ai tellement voulu comprendre le fonctionnement intime de l'être que, à défaut, avoir construit les bases d'une nouvelle façon de vivre, n'est-ce pas aussi important ?

– Il y a dans cette capacité humaine à reconduire dans le réel les données les plus essentielles de sa capacité d'imagination, et donc d'une visite impromptue dans le parfait monde des idées, la preuve de sa qualité de demi-dieu. En cela, les hommes sont géniaux en tout point. Et si certains parviennent à concentrer ce génie éthéré, ce n'est qu'un talent de plus prêté par leur histoire. Ce qui est sûr, c'est la nature entreprenante de ces systèmes nerveux en action, qui partagent, plus qu'une apparence approximative, l'essence même de leur définition.

– Plus que des frères, des individus complémentaires qui travaillent ensemble à la réalisation sur Terre de ce que leur inspire leur condition, un ersatz de paradis, une communauté soudée dans laquelle chacun peut se particulariser, dans une Complémentarité effective…

LA CONSCIENCE DE L'HUMANITÉ

– Et même si il faut bien commencer par une unité politique, l'idéal de sérénité sera atteint une fois que sera reconnue l'unicité de la conscience sur Terre, la conscience de l'humanité.

– J'ai deux remarques à te faire. D'une part, je ne comprends pas ce que tu entends par idéal de sérénité. N'a-t-on pas vu plus haut que l'intérêt prêté à la vie sur terre résultait en partie des tensions et des luttes qui favorisait la participation de tous à la construction de l'avenir ? Or la sérénité implique une certaine indolence, n'est-ce pas ?

– L'idéal de toute politique, comme on l'a vu plus haut, est de favoriser l'individualisation dans un groupe uni ou fraternel. Qui dit fraternité, dit opposition et luttes internes. Mais le groupe se reforme à chaque fois que son intégrité est menacée. La sérénité en question est à trouver à ce niveau. Les rixes internes demeurent pour développer l'intérêt du jeu en favorisant les stratégies créatives. Mais les fondations du groupe solidaire sont consolidées par une sérénité réconfortante.

– C'est entendu pour la sérénité. Mais tu ne crains pas qu'une fois la conscience unitaire reconnue, il n'y ait plus de place, ou une place bien moins prestigieuse, pour les consciences qui s'expriment par l'intermédiaire des personnalités ?

– Ces milliards de consciences, on les a toutes reconnues comme étant les morceaux épars d'une conscience unique brisée. Or, reconstituer les liaisons brisées par l'entrefaite d'Internet et des communications va restituer le réseau d'origine, comme dans un organisme sain. Aussi les hommes en complémentarité vont travailler à la persévérance dans son être de cet organisme guéri, l'humanité. Et les individualités continueront de s'exprimer dans un souci de participation effective au destin humain. C'est là la nouvelle donne des rapports humains.

– Le problème que j'aie, si je m'en réfère à la nature unitaire de l'humanité qui réfléchit et agit comme un organisme clos, c'est qu'en le comparant aux systèmes nerveux qui agissent à une tout autre échelle, les individus sont par analogie les cellules de cet organisme. Or quand une cellule du corps d'un homme ou d'un animal exprime ses particularités au dessus des autres, cela peut s'apparenter à un cancer. Et dans tous les cas, cela finit par devenir néfaste pour l'organisme dont elle fait partie.

— C'est oublier vite la particularité fondatrice de l'exception humaine, je crois.

— Tu veux dire que l'homme a envers l'organisme qui le contient une tout autre relation que la cellule avec le corps ?

— Je pense en effet que l'inclusion en son sein d'un morceau d'une autre dimension, cet extrait de conscience qui est la pierre angulaire de sa définition, amène l'homme à développer face à l'humanité une transcendance qui n'existe pas dans la relation de cellule à système nerveux en action.

— Et c'est cette transcendance, résultant du partage effectif d'une Conscience unique en leur sein, qui offre aux hommes les instincts de découverte, de compréhension et de transformation de leur cadre de vie. Ces extraits de divinité, qui une fois rassemblés redonneront un pouvoir d'action à cette origine commune, sont la marque fossile de leur dieu.

— Alors il n'y a pas lieu d'avoir peur d'un déploiement excessif d'une personnalité. Toutes finiront par reconnaître finalement leur complémentarité et agiront ensemble pour donner à l'humanité un avenir.

— Tant est si bien que l'occurrence de bonheur ressenti par un individu quand il parvient à se particulariser de manière bénéfique est automatiquement équilibrée à l'échelle de l'humanité pour que le mouvement opéré dans ses strates ne soit pour l'organisme qu'un frisson de plaisir.

— Une sorte d'agitation propice à la créativité ?

— C'est tout à fait ça !

– Alors il faut que les individus s'affirment en tant que tel. Il faut que chacun puisse faire reconnaître son implication dans la construction d'un futur réjouissant. Les artistes ont ce don. Mais tous doivent avoir cette reconnaissance de leurs pairs pour une existence qui, à défaut d'avoir influé ouvertement sur le cours du déroulé temporel, saura offrir, dans l'acte d'orthothanasie, toute la richesse de ses sensations emmagasinées à l'humanité par l'intervention fabuleuse du monde des idées.

– Oui ! Ainsi le rôle de chacun dans la construction du paradis sur terre est finalement reconnu.

CATHARSIS ORIENTÉE

– J'ai du mal à m'exprimer maintenant.

– Que se passe-t-il ?

– Tu connais l'expérience de la boîte opaque ?

– Je ne crois pas. Décris-la-moi s'il te plait.

– On donne une boîte opaque à un petit garçon. On lui explique qu'elle contient un bonbon. Pour le récupérer, il doit procéder ainsi : avec une baguette, il doit tout d'abord l'introduire dans l'orifice situé dessus, tapoter trois fois, puis la tourner dans le sens contraire des aiguilles d'une montre. Dès lors il peut ouvrir le petit tiroir situé sur la face avant de la boîte et récupérer la friandise. Le petit garçon essaie. Il introduit la baguette dans l'orifice supérieur, tapote trois fois, la tourne dans le sens contraire des aiguilles d'une montre, ouvre le tiroir et récupère le bonbon, tout heureux d'y être parvenu.

— Il a appris la méthode rapidement.

— Effectivement. On fait la même expérience maintenant avec un singe. On lui enseigne la méthode et lui aussi parvient à la réaliser et à récupérer son lot, qui pour le coup est plutôt un morceau de banane.

— Jusqu'alors rien ne semble distinguer les entendements de l'enfant et du primate.

— Les deux ont en effet réussi à apprendre une méthode opératoire sans réel lien avec le but recherché. Tous les deux sont néanmoins parvenus à atteindre ce but. Mais tout va changer lors de la deuxième phase de l'expérience.

— Je t'écoute.

— Donc, dans un deuxième temps, au lieu de leur donner une boîte totalement opaque, cette fois-ci la boîte en question est transparente. Et il est aisé de voir que le tiroir qui contient la récompense n'est en aucune façon bloqué par un quelconque mécanisme complexe. L'ouverture au dessus de la boîte n'est attachée à aucun dispositif autorisant ou non l'ouverture du tiroir.

— Il y aurait donc moyen de récupérer le bonbon ou le morceau de banane immédiatement ?

— Précisément. C'est d'ailleurs ce que fait le singe. Après un rapide examen de l'intérieur de la boîte, celui-ci oublie la méthode enseignée et ouvre directement le tiroir pour en extraire son dû.

— Ce n'est pas ce que fait le petit garçon ?

– Et bien non. Le garçon a lui aussi vraisemblablement compris le fonctionnement de la boîte et l'indépendance entre l'ouverture situé au dessus et le tiroir renfermant le bonbon, mais avant de l'ouvrir, il reproduit à l'identique la méthode qui lui a été enseignée.

– Une méthode inutile de prime abord pour obtenir sa récompense ?

– Mais une méthode qui lui a été enseignée par un de ses semblables, par un de ses pairs, et qui prend dès lors une importance toute transcendantale. Ces actions dénuées d'une utilité quelconque pour réaliser un objectif réel deviennent indispensables pour exister dans cette entité qui le contient, l'humanité. Ce rite est devenu crucial à la reconnaissance de son appartenance au groupe. Le singe n'en a que faire. Il n'est en aucun cas le réceptacle d'un joyau absolu, un extrait de la conscience totale, un éclat d'absolu.

– En quoi cette expérience te traumatise-t-elle ?

– Et bien, la force de l'être humain conscient, son aptitude à la perfectibilité et à sa Surhumanisation, découle de ses capacités à construire de la transcendance. En acceptant et en faisant sien les rites et autres traditions, l'homme s'incorpore dans une histoire qui est sienne. Ainsi il évolue. Ainsi il se perfectionne.

– Et tu as peur, avec tes doutes, tes interrogations et tes remises en question, que tu réagisses plutôt en primate qu'en individu conscient ?

– Et pourtant c'est ce qui a fini par guider un ange sur mes pas. Ce temps passé à m'interroger sur les fondements des rites et des traditions héritées d'un autre age m'aura finalement permis d'épurer ces religions empiriques.

— Que veux-tu dire ?

— Les interprétations à posteriori des mots laissés sur du papier par des scriptes submergés par le torrent d'idées contenues dans une tradition débordante d'oralité, n'ont fait que trahir la vérité. Car le message a toujours été le même. "La conscience est unique, simplement unique." Il a fallu que je rejette cet amas de fioritures dorées à l'or fin pour que ce message pur me soit dicté. J'ai donc agi comme un primate pour la bonne cause. Et c'est déjà ça.

UNE UNITÉ DISPERSÉE

— Le lien qui nous unit est trop fort pour que de petites dissensions fraternelles puissent le fracturer. Mais mieux que cela encore, la question de la responsabilité de chacun est à remettre en perspective des nouveaux accessoires de la Complémentarité.

— La responsabilité de quel ordre ?

— Celle afférente aux actions qui impliqueront une réorientation catégorique de l'avenir de plusieurs hommes. Ainsi les tribunaux amenés à juger des gestes brutaux ne pourront plus chercher à punir un homme, mais juste à réguler l'ondulation produite en prévenant la récidive chez les autres.

— Je ne te comprends pas.

– C'est pourtant simple. En acceptant la définition des ambitions humaines comme étant au final d'instaurer le paradis sur Terre pour tous, et en reconnaissant la forme complémentaire que doivent prendre ces ambitions entre elles, il est donc légitime d'assumer une responsabilité collective pour tout ce qui se fait sur Terre. Et dans ce cas, il est difficile d'émettre un jugement.

– Tu vas trop loin. Tu veux dire que les individus suivent le même dessein et donc que l'intégralité de ce qui se fait est nécessaire et indispensable pour l'atteindre ?

– À partir du moment où ça s'est produit, il y a toutes les raisons de penser que cela va contribuer à dessiner les contours d'un avenir radieux.

– Mais dans ce cas, les tribunaux et leurs sentences sont eux aussi nécessaires et même indispensables !

– Il faut donc cesser de reprocher aux autres ce qui, de toute manière, ne pouvait que se produire et de cette manière. Il faut juste condamner pour l'exemple. Et qui dit exemple, dit communication efficace des jugements.

– Le joueur qui a raté son entrée dans le jeu, et qui ne parvient pas à découvrir sa place dans la structure en formation pour offrir à la communauté le produit de son individualité au travail, peut décider de recommencer à zéro avec une autre mise de départ. De la même manière, en faisant acte d'orthothanasie, il est concevable de proposer une sortie honorable à celui qui semble s'être trompé d'ambition.

– Tu penses à la peine de mort ?

– Je pense qu'il faut donner le choix au condamné pour l'exemple de prolonger cette vie ou de recourir à la suivante.

– Mais c'est déjà le cas. Quelques condamnés se suicident en prison. Ce ne serait que reconnaître la validité d'un tel choix.

– Surtout que cela aurait l'avantage de donner une plus grande valeur d'engagement à la vie qui serait épargnée. En préférant la prolonger, le condamné s'engagerait à en exploiter toutes les possibilités préservées pour en tirer le meilleur parti.

– Encore une espèce de catharsis.

– C'est ça. En édifiant des limites connues au déroulé temporel de son existence, l'homme conscient, le prétendant Surhomme, permet à sa volonté de focaliser ses élans sur un temps raisonnable. Il épure ainsi son histoire de toutes ses fioritures qui encombrent son esprit.

– Et le condamné a un besoin imminent de catharsis ?

– Pas lui en particulier ! Je ne sais pas pourquoi je te parle de ça maintenant. Certainement pour justifier une mesure qui peut sembler anachronique, le retour à la peine de mort. Avec l'orthothanasie, on est en train de décrire une éthique un peu macabre, non ?

– Je crois que c'est surtout une éthique qui réconcilie l'être humain avec sa propre mort. Les religions officielles, malgré leur propension à concevoir de belles légendes censées offrir aux vivants l'illusion d'une continuité historique par delà la mort, ont échoué. La Complémentarité propose une vérité géométrique, ancrée sur une évidence !

– Ou que tu crois comme telle…

– Quoi qu'il en soit, tout finira par disparaître, les hommes et leur culture.

– Pourquoi ça ?

– Parce que tout se transforme. Rien n'est stable et voué à persévérer dans le temps sur une éternité illusoire.

– Parce que tu penses que même l'éternité est vouée à disparaître ?

– Le problème que tu me poses est un problème foncièrement humain. C'est-à-dire qu'il est inscrit dans une expérience historique de la réalité. Mais si tu mets à plat le temps aussi, si tu visualises un temps toutes les générations qui se succèdent, tu peux apercevoir un point fondamental de cette réalité de fable.

– C'est toi qui, au contraire, vois dans le déroulé temporel une fin pour toute chose ! Alors ne m'accuse pas d'être trop humain. Je suis comme toi condamné à subir le temps qui s'écoule. Et j'aurais du mal à m'en extraire pour visualiser, comme tu le proposes, géométriquement le temps.

– Il faut pour cela que tu te souviennes de notre hypothèse de départ.

– Tu attaches bien peu d'importance aux circonstances oniriques qui ont fondé dans ton esprit sauvage cette "hypothèse", comme tu la nommes.

– Cette révélation, si tu préfères.

– Moi ce que j'en dis…

— Écoute, en reconnaissant la nature unique et entière de l'entité Conscience, éclatée et dispersée dans tous les entendements méritants, on peut la détacher du temps et la plaquer sur la paillasse pour étude.

— Soit. Mais à la lumière d'une dissection consciencieuse dans les règles, que t'attends-tu à y trouver ?

— Je veux juste te faire remarquer que détaché de l'Histoire, la Conscience balaye tous les effets de la sensibilité. En d'autres termes, la sensibilité et surtout la responsabilité de chacun se retrouve dans les faits historiques, du moins la plupart. Et par l'intermédiaire du monde des idées, les plus doués y ont accès.

— En fait, ce que tu cherches à me faire comprendre, c'est que nous sommes tous responsables de l'Histoire passée ?

— C'est exactement ça.

— C'est traumatisant.

— Au contraire, cela nous offre des possibilités décuplées. En admettant que les conflits ont été la représentation du choc interne de forces créatrices de la Conscience totale, alors plus aucune gravité n'étreint le cœur des étudiants. Les morts ont eux aussi participé à l'érection de la bibliothèque fabuleuse du monde des idées. Puis ils ont tous été reconduits dans la réalité et les jeunes entendements.

— L'Histoire devient l'histoire d'un grand jeu…

— Et les hommes qui la vivent sont les joueurs désintéressés d'une mascarade obsédante mais sublime. J'acquiesce à tout rompre ! C'est ainsi qu'on libère ces joueurs, les hommes, du poids de l'Histoire. On n'a que faire d'un "devoir de mémoire".

De toute façon, nous sommes tous coupables de nous agiter sans cesse sur cette petite planète bleue.

— Tu as tout compris.

INNOCENCE RECOUVRÉE

— Débarrassé des reproches que l'on a pu nous faire un temps, débarrassé aussi des remords qui pouvaient ronger profondément ce système nerveux en action, hôte pour quelques milliards de secondes d'un éclat divin, nous pouvons dés lors agir en complémentarité avec nos semblables pour l'instauration sur terre d'un ersatz d'absolu.

— Tu l'as enfin trouvé le sens de la vie !

— C'est vrai. J'ai retrouvé le goût d'entreprendre parce que je sais quelle direction doivent prendre les effets incommensurables de ma volonté. J'ai compris quel était le sens caché de toute cette démesure de technologie : relier toutes les consciences humaines pour reconstituer sur Terre la Conscience totale et unique… Dieu…

— Et la mémorisation des sens, que permet aujourd'hui la démultiplication exponentielle des capacités de mémoire numérique, autorise la dispersion de son contenu sur tous. Il n'est plus nécessaire d'entraîner son entendement à entrouvrir les lourdes portes du monde des idées pour y chercher l'inspiration. Dorénavant, chacun peut y quérir sa nourriture sensorielle.

– C'est exactement ça ! Les consciences reliées entre elles qui ont accès à l'ensemble de la mémoire de l'humanité s'accordent pour donner à tous les hommes le pouvoir de vivre en complémentarité.

– C'est génial !

– Mais avant cela, il faut réconcilier les êtres humains avec leur mort. Il ne faut plus qu'elle soit considérée par certains comme une retraite de la vie terrestre. Il faut arrêter de raconter des légendes censées apporter l'espoir d'un repos mérité aux hommes après leur court passage sur Terre. Il faut se concentrer sur l'essentiel : la nature unique de la Conscience qui implique un lien absolu entre les êtres humains et la planète Terre.

– Un éternel retour à la vie ?

– Une juste répartition sur tous les jeunes entendements qui justifie, pour le meilleur et pour le pire, que l'on contienne l'explosion démographique qui n'a de cesse de réduire la taille des éclats de Conscience dispersés.

– Et pour y parvenir, pour que cette population humaine se normalise, il faut proposer, en l'expliquant, aux vieillards de libérer leur conscience afin que celle-ci puisse se mélanger aux autres pour enfin intégrer un tout jeune entendement. Celui-ci, avec toute l'innocence offerte par l'incarnation continue, pourra vivre à nouveau en amassant des sensations et des expériences promptes à être légué à l'humanité une fois son destin accompli.

– Cela semble parfait.

– Ça l'est.

– Maintenant il est clair que cette nouvelle grille, qui se prévaut de réformer les traditions pour les bienfaits de nos conditions de vie, présente la réalité sous un angle qui s'oppose à ces mêmes traditions.

— Mais c'est pour le bien de tous !

— Peu importe, les hommes vont tout faire pour conserver ce qui, enseigné à leurs âmes dés le début de leur humanisation, continue à les guider au milieu de ce gigantesque vide métaphysique qui nous contient tous.

— Alors, quelle est ton idée ?

— Il faut s'adresser aux jeunes, ceux qui découvrent les empreintes des traditions sur la réalité et qui se permettent de douter.

— Internet est là pour leur facilité la tâche. La mémoire numérique de l'humanité n'en est qu'à ses débuts, mais c'est déjà un grand pas.

— Surtout que maintenant ils peuvent confronter leurs idées avec leurs co-planétaires !

— C'est une chance, oui.

— Il faut se saisir de cette opportunité pour leur proposer une nouvelle idée. Il y a là matière à resserrer un peu plus encore les liens qui font de nous tous, plus que des frères, des individus complémentaires. Et si chacun découvre sa place idéale dans le puzzle fonctionnel de l'activité humaine, la défend et s'en sert pour décupler les propres effets de son individualité, alors la progression de toute l'humanité vers un destin équilibré et sain n'en sera que démultipliée.

— Les hommes en seront-ils plus heureux ?

— C'est à égale mesure que sont réparties sur l'humanité les occurrences de bonheur et de malheur ressentis. Il n'est donc pas souhaitable d'en briser l'équilibre. Cependant, la force d'un tel système est de donner du sens à tout ça.

– À priori, il n'y a pas de différence fondamentale entre le niveau de bonheur actuel et celui accessible par la soumission aux préceptes de la Complémentarité. Dés lors, pourquoi voudrais-tu que les hommes s'y engagent d'eux-mêmes ? Le sens, ils sont convaincus de l'avoir trouvé dans la religion qu'ils respectent. Ils n'ont pas besoin de plus pour vivre heureux.

– Mais regarde les plus jeunes, ceux qui ont déjà accès naturellement à la prodigieuse banque de donnée en ligne. Certains de ceux-là se posent des questions concernant la validité aujourd'hui de textes écrits il y a de ça des millénaires.

– Pourtant tu l'as avoué précédemment, ces textes ont été inspirés par la même source divine. Et c'est cette même source intarissable qui t'a inspiré la révélation initiale à tout ce merveilleux délire.

– Justement, à partir d'une prise de conscience similaire, il est temps de reconsidérer les conséquences à en déduire. La pureté de la révélation initiale est bien là. Il ne tient qu'à nous d'en développer le sens, comme nous l'avons fait depuis. C'est maintenant qu'il faut en assumer l'essence en mettant à jour les implications de cette routine dans nos vies.

– Si je te comprends bien, ton but est de modéliser de nouvelles règles de vie, en revenant à la première évidence révélée ?

– C'est ce que nous avons fait, non ?

– Évidemment, nous avons ôté les ornements grossiers des concepts simples et triviaux qui viennent à l'esprit quand on se surprend un temps à y penser. Le rapprochement entre les êtres humains, la compétition qui s'instaure et les divise pour un temps, l'accroissement démesuré de leur nombre qui n'apporte rien de plus qu'un sentiment diffus d'amoindrissement de son impact sur le monde, ce sont là quelques bribes des concepts évident qui nous étreignent à présent.

— Et la règle de Complémentarité qui se doit de légiférer dans les rapports humains…

— Les hommes déjà en abusent. Mais ils ne le savent pas. Ça a au moins le mérite de faire apparaître avec honnêteté à nos yeux une des dynamiques intrinsèques qui nous anime tous. Il faudrait aujourd'hui que cette règle puisse aider à déterminer les objectifs politiques, non ?

— Ça serait faire preuve de probité !

— La Complémentarité doit aider à concevoir les élans générateurs d'un avenir qui se doit évidemment d'être sublime. Car la naïveté initiale dont se voient attribuée les jeunes hommes à leur retour dans la vie est une chance qu'il faut chercher à entretenir pour être heureux. L'excès de conscience nuit au bonheur dans ce cosmos vide de sens.

RÉPARER LA SPHÈRE

— Je voudrais te parler du sentiment amoureux. Celui qui fait tout oublier pour se concentrer sur un lien qu'on voudrait indéfectible.

– Quand deux êtres se croisent et que tout prend sens.

– C'est ça ! J'ai déjà croisé ces individus qui semblent parfaitement épouser les formes échancrées de ma conscience. Ceux-là sont suffisamment rares pour que l'on se souvienne en détail de leur rencontre.

– Et tu les as laissé s'échapper ?

– Je n'ai pas pu les retenir. Ils se sont laissé happer par les tourbillons autour. Mais j'en ai gardé une certitude. Leurs consciences ne m'étaient pas étrangères.

– On en a déjà parlé. Vos deux consciences n'habitaient sans doute qu'un seul individu dans une génération précédente. Elles se sont scindées à la mort de ce corps pour gagner vos deux entendements dans votre prime jeunesse. Et vos deux corps tout neufs se sont croisés et vos deux consciences reconnues.

– Ce n'est pas si simple. Les consciences ne sont pas assimilables à des cellules qui subiraient une mitose en se dédoublant à l'identique pour remplir le nombre croissant de nouveaux entendements. Au contraire, la Conscience unique semble se répartir grossièrement sans s'attarder à conserver des amalgames préétablis !

– Le coup de foudre serait donc la mise en relation de "grumeaux" de conscience qui auraient été préservés de la miction initiale ? Et le sentiment amoureux qui s'épaissit jour après jour ne serait que l'affirmation d'une lente reconnaissance en l'autre conscience de morceaux épars d'une liaison passée ?

– C'est assez joli comme concept !

– Je pense plutôt que le sentiment amoureux n'est que la preuve d'une unique conscience partagée. Et elle s'appuie pour

143

s'engager sur des signes tous issus de l'éducation et du contexte. Mais à priori, on est capable de s'attacher à n'importe qui. Parce que nous sommes tous hébergeurs de consciences qui s'assemblent parfaitement.

– Alors, pour peu qu'on prenne la peine de s'y intéresser, nous sommes susceptibles d'aimer tous les hommes sur Terre.

– En fait, à partir du moment où nous focalisons toute notre conscience sur un individu, il nous est impossible d'avoir à son égard autre chose que de l'amour ou de la haine, c'est-à-dire de l'intérêt, de l'empathie. Car nous parvenons à saisir en l'autre une pièce complémentaire.

– Et c'est sur ce sentiment que doivent s'ancrer toutes les politiques cherchant à légiférer les rapports humains.

– C'est ce qui se fait déjà, non ?

– Ce sentiment partagé par tous les êtres humains participe grandement à leur humanité. Plus que cela même, il trahit la réalité de leur définition, une écorce charnelle individualisée renfermant en son sein un morceau de leur divinité.

– N'est-ce pas une nouvelle illusion ?

– Soit mon contradicteur ! Je n'attends que ça. Essaie de m'opposer des faits reconnaissables de la réalité. Moi, je n'y parviens pas.

– Les animaux les plus éloignés des hommes sont aussi capables d'amour entre eux. N'est-ce pas la preuve que l'amour est bien éloigné de la conscience proprement humaine ?

– Les animaux connaissent ce sentiment pour une seule fin, la persévérance de leur espèce et son déploiement au possible. L'homme, lui, peut aimer sans chercher à procréer. Il a réussi à détacher cet élan naturel de son utilité première. Par ailleurs, je suis certain que la conscience s'étend largement au delà des chairs neurales de l'espèce humaine.

– Que veux-tu dire ?

– J'ai l'intime conviction que cette Conscience unique traverse l'espace et le temps et touche, en l'absorbant, tout ce qui est. Ses morceaux sont raisonnés et intégrés à une intelligence, car le support particulier qu'est la chair neurale humaine le permet. Mais elle est parallèle au fait d'exister.

– Tu veux dire que toute chose qui existe dans le cosmos imprime une inflexion dans la Conscience totale ?

– Je n'aurais pas pu le dire mieux que toi.

– À sa mort, l'individu libère l'éclat de cette Conscience unique qu'il a hébergé pour un temps limité, lui permettant de rejoindre la totalité. Celui-ci partage son histoire avec la mémoire totale puis, après s'être joint à ses semblables, son essence est à nouveau répartie sur les tout jeunes entendements.

– Ce qui lui a permis de contempler l'Être dans son unité, détaché du temps et des trois dimensions, simplement.

– C'est une belle image, non ?

– Une belle image qui a l'avantage de s'accorder avec l'état actuel de la connaissance.

– Si tu veux.

UNE PLACE PRIVILÉGIÉE

– Quelle importance a un évènement terrestre face à l'immensité insaisissable de l'univers ?

– L'importance est donnée par l'entendement qui y porte un intérêt. Et vu comme ça, il n'y a pas de doutes à avoir, la Terre est bien au centre de l'univers. Jusqu'à preuve du contraire, qui oserait me contredire ?

– Tu ne tiens pas compte des mouvements célestes qui impriment des rotations elliptiques dont le foyer est loin d'être une planète.

– Non, je lève juste les yeux vers le ciel. Et je remarque simplement que tout tourne et s'agite autour de mon point d'observation.

– Justement, les dernières avancées technologiques ont permis de déplacer ce point d'observation à des distances infinies d'où nous sommes.

– Mais l'image nous revient toujours. Nous sommes indubitablement liés à notre environnement. Et si un jour nous quittons ce berceau de l'humanité et nous dispersons dans le cosmos, dés lors la communication fluide en deviendra impossible. Nous aurons dés lors perdu la possibilité de relier entres elles nos consciences pour reconstituer notre divinité.

– Que veux-tu dire ?

– Dieu est la somme de toutes les consciences effectivement en action. Il ne tient qu'à nous d'en permettre l'émergence au milieu du chaos, en les reliant entre elles pour imiter l'état premier de la Conscience unique. Nous sommes prés du but. Après, ce sera devenu impossible. Il sera bien trop tard.

– Devons-nous nous satisfaire de ce rapprochement inéluctable entre les hommes qui s'oppose aux esprits aventuriers ?

– C'est là la force de l'humanité. Une fois son explosion démographique domestiquée, l'humanité composée de jeunes hommes naïfs et avides de connaissance pourra s'épanouir spirituellement sur une planète à sa mesure. Les hommes pourront agir en complémentarité pour l'accomplissement dans son être de toute l'espèce.

– C'est le paradis sur Terre !

– Tu sais quoi ?

– Dis-moi.

– Lorsque tu as eu cette intime conviction ce matin…

– Lorsque l'ange est venu me parler ?

– Si tu préfères. Il t'a offert les clés d'une merveilleuse organisation pour l'humanité. Il y a là matière à réfléchir sur son propre devenir. La société actuelle, basée sur une mentalité d'esclave ayant gagné du pouvoir, qui donne une valeur à tout, instaurant ainsi une échelle de valeur totalement abstraite, n'est certainement pas celle qui permettra à l'humanité de s'épanouir sereinement. Il faut revenir aux fondamentaux. Le rapprochement entre les hommes est la clé. Et si la mort est envisagée telle une libération pour un éternel retour, alors l'humanité va rajeunir. Et cette armée naïve va pouvoir revivre grandement. Parce que telle est sa destinée. Lorsque les hommes auront compris que le bonheur n'est pas dans la possession mais dans ce rapprochement qui nous attire irrémédiablement vers l'autre. En vue de connecter ses sens. En vue de connecter sa conscience à l'autre. Pour réparer l'éclatement originel. Dont les débris se répartissent dorénavant sur un nombre exponentiel de nouveaux entendements en attente d'une conscience. Les nouveaux moyens de communications sont la nouvelle clé. Ils vont nous permettre d'imiter l'unicité de la Conscience en connectant nos sens.

 – Tu as tout dis !

 – Cela donne un sens à la vie, n'est-ce pas ?

 – Oui ! En se détachant d'une culture trop matérielle pour glisser dans l'immatériel éternel du virtuel, le compte est bon. Dès lors on aura réussi une imitation pas trop mal du fonctionnement intime du monde des idées. Et l'inspiration en deviendra moins rugueuse, plus accessible, plus répandue aussi, d'où l'apparition d'une jeune humanité d'artiste, les Surhommes à venir.

 – Ne précipite pas les choses ! Tu sautes des générations. Avant de voir arriver la prochaine étape de l'évolution, il va falloir que l'humanité parvienne d'abord à persévérer dans son être. Et cela va de pair avec la persévérance dans son être de toute la biosphère terrestre.

– Mais les hommes ne sont-ils pas censé quitter un jour la Terre pour aller découvrir d'autres lieux habitables et ainsi se répandre un peu plus dans le cosmos ?

– Je te l'ai déjà dit, je crains que dès lors que la distance qui les sépare interdise physiquement une communication fluide, la part divine en chacun ne se transforme et régresse. Mais je te dis ça à l'aune aujourd'hui des connaissances scientifiques. La physique quantique n'a semble-t-il pas encore été suffisamment intégré dans les technologies de communication…

– Ce qui est sûr, en outre, c'est que si la Complémentarité décrite ici est comprise par beaucoup et intégrée dans leur éthique de vie, alors la vie en communauté sur la planète Terre peut devenir à nouveau valable et suffisamment intéressante pour être vécue avec intensité.

– Car tu penses vraiment que ça n'est plus le cas à ce jour ?

– J'estime avoir mieux à faire sur Terre que consommer.

– N'est-ce pas ce que tu es en train de faire ? Je veux dire, si le commerce n'était pas aussi florissant, pourrais-tu en ce moment te poser et réfléchir à tout ça ? Penses-y car tu as trop vite fait de railler cette société relativement apaisée qui t'offre du temps et les moyens matériels pour ce que tu estimes en valoir la peine.

– Tu as sans doute raison. Mais je suis soucieux pour ceux qui ne trouvent leur bonheur que dans la consommation effrénée de biens tous périssables. Ils ne grandissent ni eux, ni l'humanité. Ils vivent inutilement, non ?

– Bien sûre que non ! Ils connaissent tous des moments intenses dans leur vie bien rangée. Et en partageant leur

149

existence avec les autres, ils participent eux aussi à la modélisation du monde des idées sur Terre. Ils font partie de l'humanité qui se regroupe en Conscience. La particularité de toute existence est le fondement même de la Complémentarité. Ils sont parfaitement complémentaires aux autres !

– Mais dans ce cas, tout le monde peut trouver une place particulière qui le rend complémentaire au reste de l'humanité ?

– Et s'il partage ses émotions, la somme de son ressenti, avec la communauté globale terrienne, il s'intègre de fait dans l'élan constitutif de la modélisation sur Terre de la vérité absolue. Il participe à la création d'une divinité modélisée.

– C'est cool.

TRANSCENDANCE TRAUMATISÉE

– L'exception humaine est la transcendance. C'est l'intime conviction du sens caché. Il faudrait réinvestir cette transcendance traumatisée dans l'espoir probant de la Complémentarité !

– Tu insinues que la vie moderne a corrompu cet accès à la transcendance qui demeure la particularité de l'homme ?

– Elle l'a glissé sur le bord des préoccupations de l'individu contemporain. Et je ne parle même pas de religions. Qui peut se prévaloir d'avoir eu accès à une présentation évidente et simple de la réalité ? Pourtant cette élégance sobre existe. La construction hachée du monde matériel nous a fait oublier que derrière tout ça, une idée toute simple subsiste.

– Tu m'intéresses.

– Tu connais l'écriture automatique ?

– Oui et je l'ai souvent pratiquée. Pour la poésie, entre autre, elle permet de découvrir de nouveaux concepts toujours plus étonnants.

– D'où viennent-ils, tu penses ?

– On en a déjà parlé. C'est un moyen simple de se connecter au monde des idées.

– Ce n'est pas plutôt le hasard qui permet de construire des associations d'idées étonnantes ?

– Le hasard n'est que la justification qu'on donne lorsqu'on ignore les réelles causes. Ou bien qu'elles sont innombrables et à des échelles non remarquables qu'il est impossible de les énumérer.

– Alors il n'y a pas réellement de hasard, juste un enchevêtrement de cause à effet.

– Où veux-tu en venir ?

– Crois-tu qu'à des millions d'années-lumière de la Terre, le temps s'écoule comme ici ?

– Je ne me suis jamais posé la question.

– Je crois que la difficulté pour notre appréhension du monde réside dans notre approche scientifique basée sur l'hypothético-déductif. Il faudrait s'en détacher pour comprendre, s'inspirer directement du monde parfait des idées qui inspirent les artistes. Mais le résultat serait sans doute une compréhension totale et simple de l'Être avec l'incapacité de le retranscrire en langage accessible. Alors pour essayer d'en transmettre la beauté, on complexifie le message jusqu'à

151

l'obscur. Comme si on voulait en préserver la structure de toute interprétation hasardeuse. On crée de nouveaux concepts. Et l'on préserve l'essentiel.

— C'est ce que tu cherches à faire, non ?

— Bien sûre.

— Tu as toi-même peur de la validité de tes concepts, n'est-ce pas ?

— Ce n'est pas que j'ai peur. Cette discussion bien probante et profonde à souhait à ouvert un abysse à mes pieds. Et j'hésite encore à m'y lancer, voilà tout.

— Pourtant, on est d'accord. C'est la solution à de nombreux problèmes. Alors, pourquoi hésiter plus longtemps ?

— J'imagine que c'est parce que jusqu'à maintenant l'humanité à progresser dans l'action sans avoir véritablement besoin de meneur.

— Et les nombreux prophètes qui ont été contactés par le même ange que toi. Et qui ont interprété ses dires à la mesure de leur culture et de leur science, ils ont tous favorisé l'expression créative de l'humanité.

— Tu me prends pour l'un d'eux ? Laisse-moi rire.

— Et l'ange qui t'a choisi pour diffuser cette idée géniale, le renies-tu à présent ?

— Mais quel ange ? Ma vue s'est brouillée. Ma conscience s'est modifiée. J'ai faibli et peut-être rêvé. Crois-tu vraiment qu'au XXIème siècle, les anges apparaissent encore aux yeux des illuminés. Il faut te faire une raison, j'ai une imagination débordante. Et je suis aussi imbu de ma personne qu'il me prend quelques fois l'idée de prendre des illusions pour la réalité.

– Je ne te crois pas maintenant. Tu avais l'air si troublé quand tu m'as attrapé le bras. J'en suis certain, tu as vu quelque chose. Et cette nuée vaporeuse t'a fait part d'un présent majestueux, une révélation cruciale capable d'illuminer la conscience de l'humanité. Il est normal que tu aies peur. Tu n'y étais pas préparé. Qui pourrait-il l'être en fin de compte ? Mais aujourd'hui ton travail de messager a commencé. Tu m'as transmis le message de cette organisation de matière qui te l'a fait porter. Je l'ai écouté. Je l'ai compris.

– Et tu en es encore troublé, non ?

– Peut-être que ce qu'il te manque à toi, c'est un accès solide à la transcendance. Tu es trop solitaire pour ça. Alors que la Complémentarité que tu invoques avec passion nécessite de sentir et de comprendre le rapprochement intime qui stimule l'appétence entre les individus. Comment peux-tu te satisfaire de ta vie d'ascète ? Si tu veux toucher du doigt la réalité de ta prose, il faut enfin assumer de vivre dans une communauté humaine. La transcendance absolue se déniche dans le regard inquisiteur de l'autre.

– Mais toi tu partages tes émotions avec les autres. Et tu vis avec moi. À nous deux nous pouvons conquérir les consciences éparpillées dans les dédales de l'existence. Il faut oser partager tout ça. À nous deux nous sommes fort. L'obstacle qui se présente à nous est immense. Mais nous allons le vaincre à deux.

– Quel obstacle ? De quoi parles-tu ?

– Le matin, quand tu ouvres les yeux, quelle raison trouves-tu de faire l'effort de te lever ?

– C'est certainement une bonne part d'habitude. Il faut que j'aille vivre ma journée, le travail, les loisirs et tous les instants parfaitement inutiles.

– Tu n'as pas de but ?

– Tu veux dire que j'en ai sans doute trouvé un… Tu as sans doute raison. La nouvelle orientation que va prendre ma vie m'enthousiasme. Détaché de la prison consumériste, je vais devoir partager une révélation. Et quelle révélation !

– Te voilà messager d'une importante missive. Il va falloir que tu t'appliques.

– Alors c'est ça ma nouvelle transcendance, quelques mots simples qui me relient au cosmos. Ma vie prend une tournure très intéressante. Je me croyais étranger à cette planète parsemée de consciences inertes. Désormais j'en suis un acteur complémentaire aux autres. Et les consciences visent le rapprochement et la symbiose en vue de recréer ce qui a été détruit, la Conscience unique.

– Tu t'emportes ! C'est bien.

– Je commence à comprendre les raisons de tout ça. Je commence à comprendre ce qui s'est passé pour qu'on en arrive là. Les hommes ont trop longtemps vécu dans l'illusion fomentée par de plus rusés qu'eux. Ils se sont longtemps convaincus d'une vérité risible à présent. Tout ça parce qu'il y avait un gouffre à leur pied, un vide de sens monstrueux, résultat visible de l'arrachement de leur être au tout réconfortant. Il a fallu attendre que les hommes parviennent à dompter la matière pour créer les moyens de recoller les morceaux.

– Internet est une chance.

154

– Les réseaux de communications toujours plus intimes et rapides ont contribué à l'émergence de la réalité. Les individus veulent communiquer entre eux parce qu'ils ont besoin de sentir l'autre en phase à eux-mêmes. L'attirance innée des hommes entre eux s'est révélée fondamentalement au cœur de leur existence. Le besoin de communiquer est la base de la définition anthropologique.

– L'amour aussi…

– Mais l'amour a été admis comme essentiel à la condition humaine depuis des millénaires. La nouveauté du XXIème siècle est l'aboutissement du développement exponentiel des moyens qui permettent à un individu de se mettre en phase avec des milliers, voir des millions, d'autres.

– L'essor de la communication permet aujourd'hui une empathie planétaire. De la même manière qu'une foule d'individus rassemblés derrière des sensations similaires se met à agir de manière autonome et originale, les entendements reliés entre eux par les sens et la cognition permettent à une méta-conscience de paraître. Et ces consciences agglomérées par l'expérience de la compassion virtuelle donnent jour à un ersatz de Conscience unique, une conscience presque divine dans les faits.

– Mais comment peut s'exprimer et agir cette conscience qui n'est abritée par aucun entendement directement relié à un système nerveux capable d'agir sur son environnement ?

– Au contraire, cette conscience unique est composée d'un délicat assemblage de consciences individuelles éparpillées dans tous les entendements, tous les systèmes nerveux agissant, reliés entre eux par cet enchevêtrement de stimuli identiques et de partages d'émotion. C'est donc l'humanité connectée qui peut agir et réagir aux fluctuations d'idées de cette entité unique.

– C'est une démocratie universelle instantanée !

– Mieux que cela, car dans cette représentation statistique des aspirations de l'humanité, il n'y a ni leaders ni élus. Les individus interagissent entre eux de manière naturelle et spontanée. Il n'y a nul besoin de coercition car les idées émergentes ont été intégrées et traitées par l'exercice d'un partage virtuel.

– C'est là une nouvelle forme de transcendance ! Voilà que cette faculté proprement humaine se retrouve elle aussi imbriquée dans les méandres organisés du système binaire. Après le rapprochement des sens ainsi que la mémoire collective, c'est le troisième élément fondateur de la définition de l'homme qui se voit matérialisé sur Terre par l'humanité créatrice.

– Il est maintenant avéré que tous les hommes sur Terre ont un dessein commun. Ils aspirent ensemble à concevoir un environnement similaire au système qui anime leur être au delà de leur propre existence sur Terre.

– Ils cherchent désespérément à travailler en complémentarité à la matérialisation, sous leur contrôle immédiat, de l'organisation fondamentale qui régit leur définition d'homme, par-delà leur existence concrète sur Terre.

– Ben voyons…

– C'est clair, non ?

– Je suppose que ce que tu appelles "leur définition d'homme par-delà leur existence sur Terre" est justement la part divine en l'homme. C'est concrètement ce qu'on a nommé jusqu'ici "conscience", et dont toutes les occurrences, présentes en chaque entendement humain, sont les éclats épars d'une seule entité, le dieu des hommes. Quant à son "organisation fonda-mentale", c'est d'une part cette unicité primordiale, et d'autre part la connectivité qui existe entre toutes ces occurrences de conscience détachées du temps. C'est-à-dire une mémoire universelle des sensations et des idées. Par-delà les générations, cette vaste banque de données que chacun nourrit de sa propre expérience contribue à inspirer les nouveaux hommes pour leur permettre d'atteindre leur but.

– Ce but ultime étant la matérialisation sur Terre de tout ça !

– Précisément. Avec le développement exponentiel des technologies de mémorisation et de communication, l'humanité cherche à recréer de ses propres mains sur Terre ces fabuleuses composantes de sa propre définition dans le cosmos.

– Il cherche à contrôler consciemment sa transcendance.

L'HOMME DANS L'HUMANITÉ

– À l'orée du XXI^{éme} siècle, les multiples avancées techno-logiques sont parvenues à concrétiser, dans la réalité quotidienne de l'humanité, la finalité objective de l'existence humaine.

– Partager, communiquer et mémoriser, pour engendrer une conscience globale créatrice et généreuse.

– Mais très concrètement, comment un individu doit-il vivre pour participer lui aussi de manière consciente à ce dessein sublime ?

– Héritier d'un patrimoine génétique qui lui apporte certaines compétences et quelques aptitudes innées, innervé par un fragment de la Conscience totale qui le relie à toutes les autres consciences en actions et à la mémoire universelle pour peu qu'il parvienne à en trouver le chemin d'accès, le jeune homme se doit d'exploiter au mieux ses capacités pour vivre pleinement sa vie. C'est à la quantité et à la qualité des nouvelles sensations emmagasinées par ce système nerveux actif que l'humanité lui sera reconnaissante.

– Il doit faire le mieux possible avec sa mise de départ.

– Il doit être l'artiste de sa vie.

– Donc il est préférable pour lui de rejeter les infimes variations d'humeur de l'indolence monastique pour une vie pleine de rebondissement à la faveur d'un relief évident des émotions et des sentiments.

– C'est effectivement préférable pour lui et pour l'humanité entière.

– Il ne pourra rien lui être reproché…

– L'équivalente distribution des occurrences de bonheur et de malheur est maintenant reconnue. S'il connaît des moments de bonheur intense, il connaîtra aussi des épisodes de profond désespoir. Mais il vivra pleinement de sa condition d'être humain vivant sur Terre.

– Il vivra sans réserve ses sentiments, que ce soit de l'amour ou de la haine. Quoiqu'il en soit, ces deux accès à la plénitude mentale, qui démontre tout l'intérêt que l'on porte à un individu, l'accompagneront tout au long du déroulé temporel de sa vie dans la communauté humaine.

– C'est ainsi que devront vivre les hommes adeptes de la Complémentarité. Soucieux d'offrir à l'humanité la quintessence de l'accomplissement d'une vie avec une mise de départ équivalente aux compétences léguées par son capital génétique et à la dextérité d'accès à la merveilleuse interconnectivité des consciences et de leurs mémoires. Avec en bonus, la possibilité d'être incarné par un extrait du tout qui serait passé intact au travers de la miction et qui, par là même, générerait l'apparition de prédispositions surnaturelle aux qualités d'un défunt.

– Il aura fallu qu'il vive en complémentarité avec ses semblables pour que son existence prenne sens au milieu du chaos. En dédiant ses actes à l'unité des consciences, il aura réussi à compléter le tableau des honneurs rendus au plus vivant d'entre eux. Viendra enfin le temps de la retraite. Une retraite totale, afin de libérer cet éclat bleu qui l'a accompagné pendant tant d'années.

– Une fois son travail accompli, sa charge d'émotion prête à rejoindre la mémoire universelle des sensations et des idées, il choisira, en toute conscience du travail effectué, de faire acte d'orthothanasie et de quitter pour un temps une incarnation terrestre.

– En évitant de fait la déchéance annoncée de ses chairs…

– En évitant d'offrir aux jeunes hommes innocents l'image risible de la déchéance inévitable et bienvenue, qui rappelle à tous l'impermanence de toute chose.

DIEU EST VIVANT

– Nous avons trouvé Dieu éparpillé dans toutes les consciences effectivement en action. Il réfléchit dans l'entendement des hommes et agit par leurs deux bras. Nul besoin de le situer hors de la Terre. Il est bien ici, avec nous.

– Et nous avons trouvé un moyen de le faire paraître à nos yeux, en construisant de nos mains un ersatz de conscience divine…

– Où nous cherchons à reconduire la mémoire intemporelle de l'humanité.

– Ça c'est pour les individus qui veulent y croire, qui ont été éduqués dans le besoin irrémédiable de sa présence toute réconfortante. Et pour les autres, ceux qui ne voient dans la vie qu'une infernale malédiction qui réincarne les consciences dans la douleur et l'effroi ?

– Pour ceux-là, ce dieu n'est qu'une construction mentale utile mais illusoire, qui n'a de réalité que les mots pour la décrire. L'important ici est la reconnaissance de la réapparition dans la vie terrestre après la mort. Même si les êtres ne sont que très rarement reconnaissables, l'illusion est ici manifestement réelle.

– Et le résultat définitif du travail complémentaire de tous les hommes, ce vers quoi chaque processus engendré par la volonté d'agir de tous les êtres humains doit définitivement tendre, est la réalisation sur Terre d'un environnement édénique parfait pour un nombre suffisant d'entendements en action.

– Suffisant, c'est-à-dire tous connectés ?

– Partageant tous leurs idées et les images de leurs sens dans le dessein reconnu de fonder une nouvelle démocratie parfaite. C'est-à-dire une démocratie sans réels leaders, mais agitée de généreuses tensions génératrices d'une créativité exacerbée. Ensemble, s'opposant et s'unifiant comme des frères selon le contexte, ces hommes verront émerger de l'horizon virtuel une conscience agissante et distributeur d'idées qui aura la forme, la sagesse et la bonté de leurs divinités illusoires.

– Ça donne de l'espoir.

– C'est le moins qu'on puisse faire.

MISSION ACCOMPLIE

– Alors, c'est bon ? Tu as achevé ta quête. Tu as trouvé à la fois un sens à la vie sur Terre, ainsi que la silhouette de la divinité que tout le monde semblait connaître déjà, mais que toi tu voulais ignorer par défis.

– C'est vrai. Je ne suis pas mécontent de moi. En mettant en lumière le véritable objet du travail humain, j'ai trouvé de la sérénité. En contemplant son œuvre en création, je ne peux que comprendre son acharnement au dur labeur de toute une vie. Et j'ai trouvé ma place dans la prodigieuse entreprise que les hommes se sont mis en tête de réaliser.

– Seulement, la plupart d'entre eux l'ignorent. Il serait bon de les y informer. Il est probable qu'une fois avisé leurs efforts se décupleront. Ils auront à cœur de participer avec plus d'implication à une si merveilleuse aventure.

– Et ils le feront le cœur rempli de joie à l'idée d'accomplir une aussi belle chose !

– Je m'emporte encore un peu. Avant cela, il y a encore à accomplir un travail de persuasion. Et mon esprit se brouille. Parce que je vois les reproches et les critiques qui vont fuser. On va m'accuser de m'attaquer aux structures antiques qui soutiennent depuis bien trop longtemps la naïveté humaine. On va m'expliquer tous les bienfaits apportés par ces dogmes majestueusement illusoires. Et pourtant, c'est eux qui nous ont menés là où nous sommes.

– Mais si le respect de la vie humaine a été porté au faite des injonctions divines, cela a servi un temps la place de l'être humain dans ce chaos à géométrie variable de l'existence sur Terre. Maintenant, il est en train de le desservir. Mais comment concilier ce respect tout gentil et la déférence pour la pérennisa-tion de l'humanité dans son environnement actuel ?

– C'est là que nous faisons appel au réalisme optimiste de ceux qui ont vécu au delà de leur espérance. Mais là encore les objections sont de rigueur. Alors qu'il s'agit juste d'accélérer un déjà prompt rajeunissement, je risque d'être la cible de critiques violentes. Et pourtant l'orthothanasie est le plus beau moyen de retourner un peu plus tôt dans le cycle de la vie pour des consciences encagée dans des écorces charnelles rouillées.

– De la même manière, ceux qui n'ont plus l'espoir de retrouver des occasions de bonheur, parce qu'ils se sentent enjôlés dans un corps qui ne fonctionne plus correctement, doivent pouvoir quitter cette existence terrestre pour un temps, et libérer leur conscience impatiente d'aller innerver d'autres encéphales.

– C'est un choix à faire en toute conscience, s'évertuer à soigner la maladie ou ouvrir la geôle charnelle afin d'en libérer l'essence. Ce n'est qu'à l'individu en question d'opter pour la méthode d'accès au bonheur qui lui semble remplir le plus d'intérêt et de défis aventureux.

– Finalement tout ceci est d'une évidence qu'il me paraît improbable que ces idées novatrices n'aient germé que dans mon entendement nourri à l'hypothético-déductif et à l'écriture automatique.

– Tu as déjà oublié que c'est un ange venu pour toi qui a déposé la graine à la surface de ta sensibilité. Sans lui, tu n'en serais pas là. Tu aurais largement eu le temps de te perdre dans les dédales olfactifs d'une vie dédiée au plaisir. Le résultat est là. Des centaines de pages noircies par un seul entendement partagé entre l'émotion et la critique. Tu as fait fort. Je suis épaté.

RESSEMBLANCE SUSPECTE

– Dans la continuité des évènements ayant occurrence sur cette poussière d'étoile, qui abrite l'essence même de notre communauté, un élément de l'action nous intime l'ordre de penser.

– Qu'as-tu trouvé encore de remarquable ?

– N'as-tu jamais pris conscience de la juxtaposition d'évènements similaires qui semblent se répondre en s'éloignant ?

– Tu veux parler de ces évènements d'apparences analogues qui se reproduisent dans un laps de temps relativement cours à l'échelle humaine ?

– De prime abord, penses-tu qu'il s'agisse d'un effet lié à l'intellectualisation de ces phénomènes par des consciences avides de transcendance ? Ou bien, telles les répliques d'un tremblement de terre, les effets propagateurs d'une légère agitation dans le cortex virtuel de la Conscience unique ?

– Tu exclus a priori toute anomalie de nature métaphysique ?

– Si tu considères que l'objet même de la révélation d'un ange entre de plain-pied dans le pan de la physique conventionnelle, alors oui !

– Il y a matière ici à fomenter la marche en vase clôt de cette transcendance sur Terre. En effet, à voir l'incidence d'évènements naturels sur l'intimité intellectuelle des êtres humains, il y a toutes les raisons de voir ici les preuves évidentes d'une interdépendance totale. Nous sommes tributaires de notre environnement de la même manière que celui-ci pâtit de nos sauts d'humeur. En d'autres termes, de la même manière dont nos actions interfèrent sur le devenir de la biosphère, son état général a une incidence sur notre niveau de satiété mental, en d'autres termes, notre bonheur.

CONFIDENCE

– Je dois t'avouer quelque chose.

– Que se passe-t-il encore ?

– Ce n'était pas la première fois qu'un ange s'adressait à moi pour me révéler une vérité importante. Il y a eu au moins un précédent.

– Raconte-moi !

– J'étais encore un enfant. Dans ma septième année, dans la cuisine de mes parents à l'heure du déjeuner, alors que ma mère s'affairait aux fourneaux, je parlais avec mon oncle. Notre discussion portait sur les raisons de ma dispute dans la matinée avec mon frère, plus âgé que moi de deux ans. Je défendais ma position comme si en dépendait ma place dans la fratrie.

– Comme tous les frères que peu d'années séparent, vous vous disputiez l'amour de vos parents.

– Ça doit être cela, oui. Mais le plus important est ce qui s'est passé alors. J'étais pleinement plongé dans la recherche et la construction des arguments que je m'empressais d'objecter à mon contradicteur, c'est alors que l'espace s'est arrêté de vibrer et le temps s'est étiré à l'infini. Moi-même, je ne pouvais plus bouger. Seule ma pupille s'émerveillait de la situation.

– Ça me rappelle quelque chose.

– Précisément. La seule différence avec mon expérience dans les couloirs de la gare parisienne, c'est que l'ambiance ne s'est pas assombrie. Elle s'est même illuminée légèrement, donnant à l'ensemble une patine surexposée. Et je n'ai vu aucune forme vaporeuse s'approcher. Seule une voix douce mais sûre d'elle a rempli mon espace sonore.

– Et quel était le message cette fois-ci ?

– "L'homme est un robot."

– C'est tout ?

– Ne comprends-tu pas l'importance d'un tel message pour l'entendement innocent d'un jeune garçon ? Mon intérêt pour la science-fiction me permettait de coiffer ce concept abstrait d'une masse de caractéristiques. Et je comprenais déjà que, ce que plus tard j'appellerai "système nerveux en action" n'était qu'un intermédiaire entre les stimuli et l'action en réponse.

– Aucune transcendance ?

– Cela allait venir bien plus tard. Mais cette révélation partielle et teintée d'une naïveté toute enfantine serait le point de départ d'une réflexion qui trouve son aboutissement aujourd'hui.

166

– Tu veux dire que cet indice incomplet t'a été communiqué afin d'orienter ta réflexion dans le seul but de préparer ton entendement à recevoir quelques années plus tard une révélation d'un tout autre ordre ?

– En effet, cette première indication de la nature de l'homme sur Terre m'a permis de me construire mentalement en dehors de tout dogme religieux. Puisque nulle transcendance n'était portée à mon attention, que faire de toutes ces légendes enseignées comme des vérités par des robots ?

– L'esprit léger, libéré des incidences castratrices des religions influentes, tu as pu construire une définition de l'homme qui sort de l'ordinaire. Et la deuxième révélation, qui s'est développée au plus profond de tes chairs neurales, a achevé de construire en toi une nouvelle éthique, librement, sans référence aux travaux empiriques des contrôleurs de consciences avérés.

– La Complémentarité est le fruit de cette recherche étalée sur le temps. Il faut croire que le temps était venu pour une révolution morale. Enfin, c'est à peu près cela…

– Les seules évidences sont que nous tous, êtres humains, travaillons tous à un seul but, celui d'ériger sur la Terre un environnement qui nous ressemble, qui ressemble à notre définition la plus intime. Cette définition fait de nous des êtres complémentaires car tous titulaires d'un éclat du commun la Conscience totale et unique. Ce que certains peuvent appeler du nom de leur divinité. Voilà pourquoi il faut rechercher sa place dans la société, afin de ressentir cette complémentarité, afin de lui offrir ses actes. L'environnement va de pair avec le partage

167

des idées et des sensations, ainsi que leur mémorisation précise pour permettre à l'humanité d'avancer inspirée par les erreurs et les réussites du passé. L'inspiration permet d'accélérer le processus sans passer par trop d'expériences qui altèrent la ligne suivie.

   – Et surtout, il n'est pas grave de mourir !

   – Non, bien sûr. Cela permet à son éclat de conscience de se lier à l'unité avant que ce nouveau mélange aille inonder un jeune entendement de ses facultés innées à s'inspirer des dieux.

   – Tu ne peux pas t'empêcher d'être lyrique sur la fin ?

   – On ne peut pas dépecer un système si merveilleux et pourtant bien ordinaire sans chercher à y montrer son profond respect en le recouvrant d'un voile onirique…

   – C'est mignon.

TITAN-ATLANTE

Dépôt légal : Janvier 2013
ISBN : 2-9517961-1-0

www.ingramcontent.com/pod-product-compliance
Lightning Source LLC
LaVergne TN
LVHW051237080426
835513LV00016B/1633